牟宗三先生學思年譜

目　次

乙、學思歷程……九三

丙、著作出版年次表……二一五

附錄

甲、學行紀要

先生名宗三，字離中，姓牟氏。世居山東棲霞城南四十華里之牟家疃。棲霞牟氏，係明太祖洪武年間自湖北遷來，經數百年之繁衍，遂為縣內最大姓族。而牟家疃即牟氏初遷之祖居。村後為牟氏祖塋，白楊蕭蕭，松柏長青，豐碑華表，氣象闊大。先生系出老八支中之第四支，世代耕讀相續，至先生祖父時，家道極為衰微貧窘。先生尊翁蔭清公，初承祖業營一騾馬店，後改營繽織業副助農耕，克勤克儉，始稍足溫飽。蔭清公喜讀曾文正公家書，夜間亦常諷誦古文，聲調韻節，穩健而從容。為人剛毅守正，有令譽於鄉里。德配杜氏，有懿德。生子三，長宗和，次宗德，先生其季也。

卷一　出生之年至四十歲

⊙民國前三年（一九〇九），清宣統元年，己酉，先生生。

。夏曆四月二十五日，先生生於山東棲霞牟家疃祖宅。

⊙民國六年（一九一七），丁巳，九歲。

。是年，入私塾。

⊙民國八年（一九一九），己未，十一歲。

。是年，改入新制小學。

⊙民國十二年（一九二三），癸丑，十五歲。

。是年，考入棲霞縣立中學。

⊙民國十六年（一九二七），丁卯，十九歲。

。是年，考入國立北京大學預科。

⊙民國十七年（一九二八），戊辰，二十歲。

。是年，因讀「朱子語類」而引發想像式的直覺的解悟，對抽象玄遠之義理甚具慧解。而當時流行之西方觀念系統，如柏格森之創化論、杜里舒之生機哲學、杜威之實用主義、達爾文之進化論，亦皆引起先生之注意，而能助長其想像之興會。（唯此各系統之內容，則非先生之所喜。）

⊙民國十八年（一九二九），己巳，二十一歲。

。是年，升入北大哲學系本科。

。先生一面隨課程而接上羅素哲學、數理邏輯、新實在論等，一面自闢途徑，遍讀易書與英哲懷悌海之著作。

。易學方面，先整理漢易（如京氏易、孟氏易、虞氏易），進而由晉、宋易而下及清易（著重胡煦之周易函書，與焦循之易學三書：易圖略、易通釋、易章句）。並於畢業之前，完成周易研究一書之初稿。

。懷悌海方面，則由其早年之「自然知識之原則」、「自然之概念」二書，進而讀「科學與近代世界」及其新巨著「歷程與真實」。先生以美的欣趣與直覺解悟契接懷氏，故能隨讀隨消化，隨消化隨引發，而想像豐富，義解斐然。

⊙民國二十一年（一九三二），壬申，二十四歲。

。是年或稍前，王氏夫人來歸。

。七月，發表「公孫龍子的知識論」於百科知識第一期。

。冬月，熊十力先生自杭州返北京大學講學。先生因讀熊先生新出之「新唯識論」文言本，經由鄧高鏡先生之介，初謁熊先生於中央公園茶軒。自此從游，深受感發。

。先生自謂：遇見熊先生，乃其生命中之大事。從此，先生之學思工夫乃形成雙線並行之歷程：一是從美的欣趣與想像式的直覺解悟，轉入如何為何之架構的思辨；以後撰著邏輯典範與認識心之批判，皆順此線索而發展。二是從外在化提升一步，而內轉以正視生命，契入儒聖之學，是即熊先生啟迪振拔之功也。

⊙民國二十二年（一九三三），癸酉，二十五歲。

。四月，發表「墨子之兼愛與孟子之等差」於益世報。

。是年，北京大學哲學系畢業。

。返山東，任教於魯西壽張鄉村師範。

⊙民國二十三年（一九三四），甲戌，二十六歲。

。秋，赴天津，住社會科學研究所。與張東蓀、羅隆基二氏常相過從。此時或稍前，以張東蓀氏之介，列名國家社會黨。

。撰寫「邏輯與辯證邏輯」、「辯證唯物論的制限」、「唯物史觀與經濟結構」三文，由張東蓀氏編入「唯物辯證法論戰」一書出版。

。此時前後，為再生雜誌撰寫時論文字多篇，如：「社會根本原則之確立」、「從社會形態的發展方面改造現社會」、「復興農村的出路何在」、「中國農村經濟局面與社會形態」、「中國農村生產方式」、「民族命運之升降線」等。又發表「理解、創造與鑒賞」於再生二卷六期。

。是年，長公子伯璇生。

⊙民國二十四年（一九三五），乙亥，二十七歲。

。在天津。

。是年，「從周易方面研究中國之玄學與道德哲學」自印出版。共約四百頁，分為五部：一、漢易之整理，二、晉宋易，三、胡煦的生成哲學，四、焦循的易學，五、律曆之綜和。林宰平先生見此書，大為讚賞。沈有鼎氏則譽之為「化腐朽為神奇」。

。秋，返棲霞小住，後赴廣州，任教於私立學海書院。（時，謝幼偉先生亦同校任教。）

。發表「最近年來之中國哲學界」一文於廣州國民日報，介紹熊十力、張東蓀、金岳霖三家之哲學思想。十月七日，轉載於北平晨報。

⊙民國二十五年（一九三六），丙子，二十八歲。

。在廣州。

◦夏秋之間，學海書院因故結束。先生北返，以熊先生之介，過山東鄒平鄉村建設研究院，次日見梁漱溟先生，梁氏問曰：「來此已參觀否？」先生答曰：「已參觀矣。」再問：「汝見云何？」答曰：「只此不夠。」梁氏勃然變色，又問：「云何不夠？汝只觀表面事業，不足以知其底蘊。汝不虛心也。」答曰：「如事業不足為憑，則即無從判斷。」三問三答而不契，乃回棲霞故里小住，後赴北平。

◦是年，發表「紅樓夢悲劇之演成」（上、下）、「關於邏輯的幾個問題」、「象數義理辯」諸文於文哲月刊卷一第三、四、六、八各期。

⊙民國二十六年（一九三七），丁丑，二十九歲。

◦在北平，主編再生雜誌。時，張遵騮先生就讀北大，藉買雜誌為名，特來相訪，自此訂交。（按、遵騮乃張文襄公之洞之曾孫，彬彬有禮，慷慨好義，抗戰初期，先生處困，多得其資助云。）

◦發表「自相矛盾與類型說」、「知識的可能說與知覺的因果說」於哲學評論。

◦是年，次公子伯璉生。

◦七七事變，全國抗日。先生自北平過天津，走南京，再至長沙。時北大清華合為臨時大學，經長沙遷至衡山。先生應張遵騮之邀，遊南嶽，遂與諸生晤談，暢發抗戰之大義，提揭建國之意識，以向上一機激悟青年，而校中教授如馮友蘭等竟示意諸生勿與先生接觸，先生甚感義憤。得張遵騮資助路費，乃由湘衡走桂林。

⊙民國二十七年(一九三八),戊寅,三十歲。

◦在廣西,先後任教梧州中學、南寧中學。

◦春間,代張君勱氏「立國之道」一書撰寫哲學根據章。

◦秋,自廣西轉赴雲南。

⊙民國二十八年(一九三九),己卯,三十一歲。

◦在昆明,秋赴重慶。

◦先生在昆明將近一年,生活無著,賴張遵騮先生之資助度日,在困頓中發憤撰著:邏輯典範。

◦時,熊先生在重慶,特函昆明西南聯大湯用彤先生云:「宗三出自北大,北大自有哲系以來,唯此一人為可造,汝何得無一言,不留之於母校,而任其飄流失所乎?」湯氏復函,謂胡先生處通不過。(按、胡適先生早離北大而赴美,而猶遙控校事也。)先生嘗言:「我從不作回北大想。因吾根本厭惡其學風與士習。吾在流離中默察彼中人營營苟苟,妾婦之相,甚厭之,復深憐之。胡氏只能阻吾於校門外,不使吾發北大之潛德幽光耳。除此,彼又有何能焉?」

◦先生絕糧昆明之時,曾函告張君勱先生,張氏久無回音。某日報載,張氏偕交通部長視察滇緬公路,過昆明,住翠湖旅店。遵騮謂先生曰;「君勱先生來矣,往見否?」

先生心怒，意不欲往。既而曰「往見」。張氏見先生來，頗驚訝，曰：「何以知我來此？」答曰：「見報耳。」乃詢以「前所上函，收到否？」張氏答以未收到，先生於以知張氏之無誠也。（事詳「生命的學問」頁一四四至一四八。）

。秋，轉赴重慶。先是，熊先生應馬一浮先生之邀，共主講於「復性書院」（借樂山烏尤寺為院址），乃薦先生以都講名義住書院。迨先生至重慶，而熊先生已與馬先生相處不諧而離去，事遂不果。先生赴壁山來鳳驛拜謁熊先生，言及人情之險，相與感泣。

。自壁山返重慶，與張君勱氏相見，張氏託以再生雜誌編輯事，先生意猶未平，不允，遂鬧僵。舊友來相勸解，有謂：「論理，你對。今且置理不談，只論情分。」先生曰：「沒有理，那來情？」言未畢而泫然淚下。然終以情義之故，再度主編再生雜誌。

。是年，始與知友唐君毅先生晤面。

⊙民國二十九年（一九四〇），庚辰，三十二歲。

。在大理。

。一月（實為農曆客歲之冬臘），張君勱氏創設民族文化書院於雲南大理，先生以講師名義住書院，而實與張氏相處不諧也。

。六月，發表「宗教與禮教」於再生第五十期。

。是年，邏輯典範完稿，開始構思：認識心之批判。

⊙民國三十年（一九四一），辛巳，三十三歲。

。在大理。

。九月，「邏輯典範」由香港商務印書館出版。書分四卷：卷一、邏輯哲學，卷二、真理值系統，卷三、質量系統，卷四、邏輯數學與純理，共六百餘頁。

此書之主旨，在於復邏輯之大常，識邏輯之定然，歸宿於「知性主體」而見「超越的邏輯我」。先生指出，邏輯的推演系統，只表現純理自己，是純理自己之展現。「純理自己」一詞之提出，既可保住邏輯之自足獨立性，亦可保住邏輯之必然性與超越性。而思想三律則是「肯定與否定之對偶性」此一原則之直接展現。彼講唯物辯證法者從事物之變動與關聯而反對思想律，乃是領域之混淆。西方邏輯專家之講法，則是以形式主義約定主義動搖邏輯之命根。而共相潛存說與邏輯原子論，則又使邏輯依託於外在的形上學之假定上。先生認為，此皆義理不透，未識邏輯之大常。故群言淆亂，使定然者變成不定，使必然者變成不必然，此正時代精神虛脫飄蕩之象也。

。是年，先生尊翁蔭清公卒於棲霞故里，享壽七十。

。十二月，民族文化書院因故停辦。先生由大理轉赴重慶北碚金剛碑「勉仁書院」依熊先生，住約半年。（按、先生自離大理，即與張君勱氏疏離。抗戰勝利後，國社黨改組為民社黨，先生遂正式退出。）

⊙民國三十一年（一九四二），壬午，三十四歲。

。在北碚，秋赴成都。

。秋，應成都華西大學之聘，任教於哲史系，是為先生獨立講學之始。

。十二月，在「理想與文化」三、四合期發表六萬餘言之長文：評羅素新著「意義與真理」。

⊙民國三十二年（一九四三），癸未，三十五歲。

。在成都，任教華西大學。

。是年，發表「懷悌海論知覺兩式」於理想與文化雜誌。

⊙民國三十三年（一九四四），甲申，三十六歲。

。在成都，任教華西大學。

。是年，發表「論純理」於思想與時代雜誌，「純粹理性與實踐理性」於文史雜誌卷三第十一、十二期。

⊙民國三十四年（一九四五），乙酉，三十七歲。

。在成都，任教華西大學。秋轉重慶。

。先生自離北碚來成都，數年之間，客觀的悲情特顯昂揚。既痛心政治與時代精神之違離正道而散塌，而尤深惡痛絕於共黨之無道與不義。先生撥開一切現實之牽連，直就民族文化生命之大流說話。凡違反國家民族、文化生命，以及夷夏、人禽、義利之辨者，必斷然反對之。此種客觀的悲情，不只是情，亦是智，亦是仁，亦是勇。先生與張東蓀、梁漱溟兩氏之終於決裂，以及日後創辦歷史與文化月刊，皆是此一精神之貫徹。至於連年來持續撰著「認識心之批判」，則是另一線的哲學之思辨。

。秋初，自成都轉重慶，應中央大學之聘，任哲學系教授。始與唐君毅先生共事。

。八月，抗戰勝利，舉國歡騰。然人心一時之興奮隨即轉為渙散與放肆，而八年來對外抗敵之意識亦轉而為對內之鬥爭。朝野上下不見凝聚與開朗之象，亦無有直從華族文化生命立大信之器識。某日，先生與唐先生論及國族前途，愍然憂之。遂有撰著歷史哲學之意。

。秋冬之際，重慶召開國民參政會，梁漱溟張東蓀兩氏皆出席。先生有感於張氏負哲學名家之望而心思溺於利害，居賢彥問政之位而言行流於激情；既自失其道揆，昏其明識，將何以為青年作眼目，為國家謀前途？遂作一長函託梁氏轉交張氏，以盡規箴之義。張氏約先生面談，而言詞益乖義理。先生失望之極，不作一言而退。（附按、越明年，張氏致函先生，意欲先生為彼之「知識與文化、思想與社會、理性與民主」三書作評介，先生甚覺其無謂，故置之而不復。）

。是年，譯述羅素「萊布尼茲哲學之疏導」。（未發表）

⊙民國三十五年（一九四六），丙戌，三十八歲。

。在南京，任教中央大學。

。春，隨中央大學自重慶遷回南京。

。五月，發表「傳統邏輯與康德的範疇」於理想與文化第八期。

。秋，先生輪任中大哲學系主任（上學年由唐君毅先生輪任）。某資深教授為延聘陳姓教授事，與學校鬧意氣，久不到校授課。為學生課業計，系中同仁（如許思園先生等）相商分擔某教授之課程，某教授聞之，誤想乃先生主意，大為不諒，遂生嫉恨。

⊙民國三十六年（一九四七），丁亥，三十九歲。

。在南京，任教中央大學。

。一月，先生懔於國運之屯艱，文運之否塞，乃獨力創辦「歷史與文化」月刊，以人禽、義利、夷夏之辨昭告於世，並從頭疏導華族之文化生命與學術之命脈，以期喚醒士心，昭蘇國魂。（但因經費無著，只出刊四期而止。）

。時，梁漱溟氏來函訂閱歷史與文化月刊，先生乃順機作一長函，致望於梁氏正視時代之艱難，警惕中共之不義，秉公誠以謀國族之前途；並就其從事政治活動之意態，提出嚴正之規諫。惜乎梁氏既乏明辨事勢之慧識，又無察納忠言之真心，竟率爾就先生函紙逕加批答而寄回。先生正氣昂揚，豈能受此貶屈！即將梁氏批語一一剪下，裝入信封掛號璧還，以示與梁氏決絕。（附按、三十餘年之後，旅美某教授訪大陸，在北平晤見梁氏，言談之間及於先生，梁氏曰：「當年他把我寫的字，一片片剪下寄還給我，脾氣真大！」稍間，又憮然曰：「沒想到他如今以哲學家名於世矣。」）

。三月，發表「華族活動所依據的基礎型式之首次湧現」、「公羊義略記」、「水滸世界」於歷史與文化第二期。

。時，傅成綸撰「禪宗話頭之邏輯的解析」一文，刊於歷史與文化第二期。八年後，此文編入先生「理則學」一書為附錄。（按、傅君，江蘇常州人，畢業於西南聯大歷史系。抗戰後期在成都教中學，從先生游。勝利還都，又隨侍先生於南京。先生謂其「稟質渾樸，才氣浩瀚，精思名理」。與先生睽隔三十餘年之後，傅君在故居接獲「現象與物自身」而讀之，特致函於先生，歎曰：此真天下奇書也。其於「儒、釋、道、耶」之判釋，及其所提揭各大教融攝會通之義理規路，極順適而自然，可謂天衣無縫矣。）

。暑假，以任系主任之故而曲遭讒誣，聘書竟不下。唐君毅先生出而為先生爭公平，不果。

。秋，先生應金陵大學、江南大學兩校專任教授之聘，往來於南京無錫間。唐君毅先生亦離中大，轉任江南大學教務長。（另許思園先生亦就聘江南大學哲學研究所所長。）

。八月，發表「評述杜威論邏輯」於學原雜誌一卷四期。

。是年，選譯「聖多瑪斯：神學總論」。（未發表）

。撰著「王陽明致良知教」上下篇，跨年發表於歷史與文化、理想歷史文化二雜誌。

⊙民國三十七年（一九四八），戊子，四十歲。

。在南京，任教金陵大學、江南大學。

。時，程兆熊先生主持江西信江農專（是年秋，升格為信江農學院），地在鵝湖書院故址。程先生有意邀請師友至鵝湖論學會講，以蘇活朱陸學脈。先生特撰「重振鵝湖書院緣起」，略謂，自孔孟荀至董仲舒為儒學第一期，宋明儒為第二期，今則進入第三期。儒家第三期之文化使命，應為三統並建：重開生命的學問以光大道統，完成民主政體建國以繼續政統，開出科學知識以建立學統。此一緣起，乃先生對當代儒家之文化使命最早而明確之披露。

。先後發表「知覺現象之客觀化問題」、「時空為直覺底形式之考察」、「時空與數學」諸文於學原雜誌一卷九期、二卷二期、六期。

。秋，赴杭州，應國立浙江大學之聘，任教於哲學系。時，熊先生已先應浙大哲學系主任謝幼偉先生之請，住校講學。

卷二　四十一歲至六十歲。

⊙民國三十八年（一九四九），己丑，四十一歲。

。在杭州，任教浙江大學。

。是年春，「認識心之批判」全書完稿。

。四月，大局逆轉，共軍渡江。先生偕謝幼偉先生離杭州走上海，乘海輪至廣州。夏間，謁熊先生於廣州市郊黃氏觀海樓。

。夏秋之間，先生隻身渡海至台灣，時唐君毅先生暫任教於廣州華僑大學，隨即赴香港，與錢穆、張丕介諸先生籌設新亞書院。徐復觀先生則繼學原雜誌之後，創辦民主評論半月刊於香港，並設分社於台北。先生初抵台，即暫住於民主評論台北分社。

。斯時，先生有三原則默存於胸：一為文化反共。視中共及其所持之馬列意識形態為中國文化之頭號敵人。二為孔子立場。凡尊重孔子者皆可合作而相與為善，凡貶抑孔子詬詆孔子者，必反擊之。三為支持中華民國，反對中共竄改國號。對於國民政府，則盼望其有為，樂觀其有成，願作善意之督責，而不取「訐以為直」之批評，此亦俗諺所謂「不看僧面看佛面」也。先生自謂，此三原則，數十年來持守甚緊，無稍改變。

。是年，發表「儒家學術的發展及其使命」、「理性的理想主義」、「道德的理想主義與人性論」、「理想主義的實踐之函義」諸文於民主評論。

◦開始撰著歷史哲學（初擬書名為：國史精神之新綜析）。

⊙民國三十九年（一九五〇），庚寅，四十二歲。

◦在台北。

◦一月，「理性的理想主義」由香港人文出版社印行。（後經增訂擴充，改書名為：道德的理想主義。）

◦秋，應台灣師範學院（後改為國立台灣師範大學）之聘，主授理則學、哲學概論、先秦諸子、中國哲學史。

◦是年，發表「人類自救的積極精神」、「平等與主體自由之三態」諸文於民主評論。

⊙民國四十年（一九五一），辛卯，四十三歲。

◦在台北，任教師大。

◦夏月，主持師大人文講座（人文講習會），隨即發展為「人文學社」。

◦發表「佛老申韓與共黨」、「論黑格爾的辯證法」於思想與革命一卷一期、六期。又發表「論凡存在即合理」、「自由主義之理想主義的根據」於民主評論。

◦冬月，應復興崗之聘，兼授理則學與中國文化問題研究課程。

⊙民國四十一年（一九五二），壬辰，四十四歲。

。在台北，任教師大。

。是年，「歷史哲學」全書完稿。

。發表「孟子與道德精神主體」、「荀子與知性主體」於民主評論。又發表「要求一個嚴肅的文化運動」、「祀孔與讀經」於中央日報，「論文化意識」、「哲學智慧之開發」、「開明的深入」於台灣新生報專欄。

⊙民國四十二年（一九五三），癸巳，四十五歲。

。在台北，任教師大。

。是年，發表下列諸文：「論上帝隱退」、「闢毛澤東的矛盾論」、「闢毛澤東的實踐論」刊於民主評論。「關於文化與中國文化」刊於中國文化月刊。「反共救國中的文化意識」刊於幼獅月刊。「介紹唐著：中國文化之精神價值」、「說懷鄉」、「上帝歸寂與人的呼喚」刊於人生雜誌。「實存哲學的人文價值」刊於大陸雜誌。

。應約撰寫「中國文化之特質」（編入中國文化論集），「墨子」、「賈誼」（編入國史上的偉大人物第一、二兩冊）。

。十二月，「荀學大略」，由謝幼偉先生介紹，交由中央文物供應社印行。

⊙民國四十三年（一九五四），甲午，四十六歲。

。在台北，任教師大。

。是年，受聘為教育部學術審議委員會哲學組審議委員。

。四月，「王陽明致良知教」由中央文物供應社印行。

。八月，先生有感於人文學社之浮泛，乃另行發起「人文友會」，於十四日首次聚會於東坡山莊寓所。第二次起改借師大教室聚會，隔週一次。聚會講習之記詞，皆由周文傑刻臘版印發會友，並輯為「人文講習錄」發表於香港人生雜誌。（先後擔任記錄者，有王美奐、王淮、陳問梅、蔡仁厚。）

。是年，發表下列諸文：「人文主義的基本精神」、「人文主義的完成」、「論無人性與人無定義」、「世界有窮願無窮」刊於民主評論。「政道與治道」刊於學術季刊。「現時中國之宗教趨勢」刊於新思潮。

。應約撰寫「論中國的治道」。（編入中國政治思想與制度史論集，於十一月出版。）

。冬月，受託為張君勱氏「比較中日陽明學」一書校閱作序，先生謙讓不敢為前輩序，乃改作「校後記」六千言。

⊙民國四十四年（一九五五），乙未，四十七歲。

。在台北，任教師大。

。夏月，「歷史哲學」由強生出版社印行。

書分五部，每部三章，共十五章。第一部論夏商周；第二部論春秋戰國秦；第三部論楚漢相爭：綜論天才時代；第四部論西漢二百年：理性之超越表現時期；第五部論東漢二百年：理性之內在表現時期。

先生此書，以疏通中國文化為主。⑴貫通民族生命、文化生命，以開出華族更生之道路，是先生撰著此書之主要動機。⑵將歷史視為一個民族之實踐過程，以通觀時代精神之發展，進而表白精神本身之表現途徑，並指出精神實體之表現形態，於此而疏導出中國文化所以未出現科學民主之故，以及如何順華族文化而轉出科學與民主，則是先生撰著此書之基本用心。⑶蕩滌民國以來迷惑人心的唯物史觀（歷史的經濟決定論），進而完成一「歷史之精神發展觀」，以恢復人類之光明，指出人類之常道，是即先生此書之歸結。

先生指出，精神表現之各種形態與原理，在各國民族間的出現，不但有先後之異與偏向之差，而且其出現之方式亦有綜和的與分解的之不同。中國文化表現「綜和的盡理之精神」與「綜和的盡氣之精神」，西方文化則表現「分解的盡理之精神」。（此乃書中之中心觀念，其詳請讀原書。）書出之後，唐君毅先生特撰「中國歷史之哲學的省察」發表於人生雜誌，為先生此書詳作評介。（後收入「歷史哲學」增訂版為附錄。）

。十一月，「理則學」（教育部部定大學用書），由正中書局出版。書分三部：第一部、傳統邏輯，計八章。第二部、符號邏輯，計三章。第三部、方法學，專論歸納法。另附錄兩章，一為辯證法，二為禪宗話頭之邏輯的解析。

。譯「存在主義的義理結構」（據萊因哈特：存在主義的反抗），講於人文友會，後發表於民主評論。

◦是年，發表下列諸文：「人文主義與宗教」、「生命的途徑」、「自然與人文之對立」、「道德心靈與人文世界」刊於人生雜誌；「自由與理想」、「理性的運用表現與架構表現」刊於民主評論；「尊理性」刊於祖國周刊；「黑格爾與王船山」刊於政論周刊。

⊙民國四十五年（一九五六），丙申，四十八歲。

◦在台北，秋，轉東海大學任教。

◦二月，發表「關於歷史哲學：酬答唐君毅先生」一文於民主評論。

◦應約譯述「黑格爾的歷史哲學」（編入黑格爾論文集），又譯「黑格爾的權限哲學引論」、「懷悌海論客體事與主體事」，講於人文友會。

◦八月，唐君毅先生自港來台作學術訪問，適逢人文友會第五十次聚會，先生特約唐先生與會主講。（唐先生返港，與人言及，此番與牟先生在台相聚，忽有所感：讀他文章時，是肉身成道；見到他本人時，又是道成肉身。）

◦同月，先生應台中東海大學之聘為人文學科主任。赴聘之前，特為友會作第五十一次之相聚。至此，連續兩整年之聚會講習，乃暫告結束。

◦九月，「認識心之批判」上冊，由香港友聯出版社印行。書分四卷。第一卷、心覺總論。分三章。第二卷、對於理解（知性）之超越的分解。分兩部，一部論純理，一部論格度與範疇，共七章。第三卷、超越的決定與超越的運用。分兩部，一部為順時空格度而來之超越的決定，一部為順思解三格度而來之超越的運用，共五章。第四卷、認識心向超越方面之邏輯構造。分兩章以論本體論的構造與宇宙論的構造。全書共八百餘頁。

先生以為，人類原始的創造的靈魂，是靠幾個大聖人：孔子、釋迦、耶穌。但大聖人的風姿是沒有典要的，其豐富不可窺測，其莊嚴不可企及，只有靠實感來遙契。而學問的骨幹則有典要，典要的豐富是可以窺見的，其骨幹亦是可以企及的。康德的「純理批判」以及羅素與懷悌海合著的「數學原理」，是西方近世學問中的兩大骨幹。先生常自慶幸能夠出入其中，得以認識人類智力的最高成就，得以窺見他們的廟堂之富。「數學原理」之內在的結構與技巧，由於中國欠缺這一套學術傳統，一時還產生不出這樣的偉構。先生亦自歎有所不及，但在哲學器識上，則自覺並無多讓，故能以究竟了義為依歸以扭轉其歧出。而「純理批判」是由西方純哲學傳統發展出來的高峰，其工巧的架構思辨，極難能而可貴。先生正視它的價值，彌補它的不足，而復活了康德批判哲學的精神。而且二十餘年之後，先生仍鍥而不舍，先後撰著「智的直覺與中國哲學」、「現象與物自身」二書，證成了康德自己未能證成的義理，因而亦融攝了康德，升進了康德。

是年，發表下列諸文：「陸王一系的心性之學」、「王龍溪的頓教：先天之學」、「劉蕺山的誠意之學」以及「本體論的構造」、「宇宙論的構造」諸文刊於香港自由學人各期。「古人講學的義法」、「創造心與認識心」、「理與事：略論儒學的工夫」、「關於外王的實踐」、「通向外王之道路」、「民主政治與道德理性」、「普遍性與個體性」諸文刊於人生雜誌。又應約撰寫「中國數十年來的政治意識」（編入張君勱先生七十壽慶論文集）。

- 是年冬，開始撰寫「五十自述」，於次年完稿。

⊙民國四十六年（一九五七），丁酉，四十九歲。

- 在台中，任教東海大學。
- 三月，「認識心之批判」下冊出版。
- 五月，發表「直覺的解悟與架構的思辨」（五十自述之第三、第四章）於自由學人二卷五期。香港學界人士有謂：此乃數十年來中國思想界最激動人心之大文章。
- 夏初，應程兆熊先生之邀，在台中農學院（後改中興大學）繼續人文友會之講習，與會者皆農院師生，舊會友唯蔡仁厚就近出席任記錄。（共聚會三次）
- 六月，發表「略論道統學統政統」、「儒教耶教與中西文化」、「孔子與人文教」於人生雜誌。
- 暑假，先生在東海大學講「認識心之批判」，與西方哲學諸問題，劉述先、郭大春、韋政通、林清臣、蔡仁厚等，先後在先生宿舍打地舖聽講。
- 選譯「印度六派哲學：吠檀多」。（未發表）

⊙民國四十七年（一九五八），戊戌，五十歲。

。在台中，任教東海大學。

。元旦，與唐君毅、徐復觀、張君勱諸先生聯名發表「為中國文化敬告世界人士宣言」，由民主評論、再生雜誌同時刊出。

。四月，人文友會主編文化問題專號，由人生雜誌出刊，既以與文化宣言相呼應，亦以祝賀先生五十哲誕。（撰文者，陳問梅、王淮、蔡仁厚、韋政通、周群振、唐亦男。）

。秋，先生與趙惠元女士締婚。

。是年，發表「論政治神話之根源」、「論政治神話之形態」、「論政治神話與命運及預言」、「政治如何從神話轉為理性的」、「理性之內容的表現與外延的表現」諸文於民主評論。

⊙民國四十八年（一九五九），己亥，五十一歲。

。在台中，任教東海大學。

。發表「道德判斷與歷史判斷」於東海學報。

。是年，開始撰寫：才性與玄理。

。十月，三公子元一生。

。十一月，「道德的理想主義」，由東海大學出版。

自先生三十八年來台，半年之間，大陸相次淪陷。國家民族與歷史文化之前途，已到最後徹底反省之時。先生根據客觀悲情之所感，轉而為具體的解悟，以疏導華族文化生命之本性、發展與缺點，以及今日「所當是」的形態，以決定民族生命之途徑。此是由大的情感之凝斂，轉為大的理解之發用。其結果，便是「歷史哲學、道德的理想主義、政道與治道」三書之寫成。

在著作時序上，「道德的理想主義」書中諸文，與「歷史哲學」實同時而並進，寫歷史哲學是專其心，隨機撰文是暢其志。先生自序末段云：「當三十八、九年之時，人皆有憂惕迫切之感，亦有思哀思危之意。吾言之而人可聽。十年後之今日，此種哀危之思，已成明日黃花。瞻望大陸，一海之隔，儼若楚越之不相干。共黨之刺激已不復切於人心。則吾此書所言，人亦必淡然視之，認為迂固不切事情。甚或斥之為書生之狂言，亦所難免。人之了悟內容真理，常視其機。機至則甚易知，甚易明，而見其為不可移。機不至，感不切，心不開，固蔽不通，激越反動，則雖舌敝唇焦，亦無益也。雖然，慧命不可斷，人道不可息，故仍存之，以待來者。」

⊙民國四十九年（一九六〇），庚子，五十二歲。

。在台中，任教東海大學。

。發表「人物志之系統的解析」、「魏晉名理正名」、「魏晉名士及其玄學名理」以及

「作為宗教的儒教」諸文於民主評論與人生雜誌。

。十月，離台赴港，應香港大學之聘，主授中國哲學。

⊙民國五十年（一九六一），辛丑，五十三歲。

。在香港，任教港大。

。二月，「政道與治道」，由台北廣文書局出版。

按、中國政道之不立，事功之萎縮，實由中國文化生命偏於「運用表現」與「內容表現」。科學知識之停滯於原始階段而不前，亦繫因於此。而要轉出政道，開濟事功，成立科學知識，則必須轉出理性之「架構表現」與「外延表現」。如何從運用表現與內容表現轉出架構表現與外延表現，以開出各層面之價值內容（如科學民主等），並使各層面價值之獨立性獲得貞定；又如何能將架構表現統攝於運用表現，以使觀解理性上通於道德理性以得其本源；此中的貫通開合之道，先生書中皆有明確之解答。

秦漢以來，真能上承孔孟內聖外王之教，以從事實學、要求開濟事功者，宋明儒者之後，只有晚明顧、黃、王三大儒接得上。宋明儒是通過佛教之對照，以豁醒其內聖一面；葉水心、陳同甫與晚明顧、黃、王諸大儒，是在遭逢華夏之淪於夷狄，而豁醒其外王一面。而先生此書，則是經過滿清之歪曲，面對共黨之澌滅，而作進一步之豁醒與建立。

。是年，發表「王充之性命論」、「王弼易學之史跡」、「王弼之老學」、「向郭之注莊」、「嵇康之名理」、「阮籍之風格」以及「有感於羅素之入獄」諸文於民主評論與人生雜誌。

。應約撰「論五十年來之思想」一文刊於中國一周。

。是年，開始撰著：心體與性體，並發表「朱子苦參中和之經過」於新亞學術年刊。

⊙民國五十一年（一九六二），壬寅，五十四歲。

。在香港，任教港大。

。三月，「歷史哲學」增訂版，由人生出版社印行。

。八月，「東方人文學會」正式成立於香港。（由先生與唐君毅先生發起，人文友會在台會友亦多列名參加。）

。應約在港大校外課程部主講：中國哲學的特質，共十二講（王煜記錄）。

。東海大學輯印「魏晉玄學」（共六章，不夠完整），由中央書局出版。

。六月，發表「觀念的災害」於人生雜誌。

。撰寫「惠施與辯者之徒的怪說」，編入香港大學東方研究卷第一、二合期。

⊙民國五十二年（一九六三），癸卯，五十五歲。

。在香港，任教港大。

。一月「中國哲學的特質」（東方人文學會叢書），由人生出版社印行。十年後，此書改由台北學生書局重版印行。先生再版自序有云：「此小冊便於初學，但因是簡述，又因順記錄文略加修改而成，故不能期其嚴格與精密。倘有不盡不諦或疏闊處，尤其關於論孟與中庸易傳之關係處倘有此病，則請以『心體與性體』綜論部為準，以求諦當，勿以此而生誤解也。」

。一月起，發表「公孫龍之名理」，以及公孫龍子「白馬論」、「通變論」、「堅白論」、「名實論」各篇之疏解，於民主評論。

。七月，發表「關於宗教的態度與立場：答澹思先生」於人生雜誌。

。九月，「才性與玄理」（東方人文學會叢書），由香港人生出版社印行。

書分十章，一、王充之性命論。二、人物志之系統的解析。三、魏晉名士及其玄學名理。四、王弼玄理之易學。五、王弼之老學（王弼老氏注疏解）。六、向郭之注莊。七、魏晉名理正名。八、阮籍之莊學與樂論。九、嵇康之名理。十、自然與名教（自由與道德）。

先生自序云：「吾寫歷史哲學，至東漢而止。此後不再就政治說，故轉而言學術。階段有三：一曰魏晉玄學，二曰南北朝隋唐之佛教，三曰宋明儒學。此書顏曰才性與玄理，即魏晉一階段也。」又云：「魏晉之玄理，其前一階段為才性。才性者，自然生命之事也。此一系之來源，是由先秦人性論問題而開出；但不屬於正宗儒家如孟子中庸之系統，而是順『生之謂性』之氣性一路而開出。故本書以王充之性命論為中心，上接告子荀子董仲舒，下開人物志之才性，而觀此一系之源委。此為生命學問之消極一面者。」

又云：「吾年內對於生命一領域實有一種存在之感受。生命雖可欣賞，亦可憂慮。若對此不能正視，則無由理解佛教之『無明』，耶教之『原罪』，乃至宋明儒之『氣質之性』，而對於『理性』『神性』以及『佛性』之義蘊亦不能深切著明也。文化之發展，即是生命之清澈與理性之表現。然則生命學問之消極面與積極面之深入展示，固是人類之大事，焉可以淺躁輕浮之心、動輒視之為無謂之玄談而忽之乎？玄，非惡詞也。深遠之謂也。生命之學問，總賴真生命與真性情以契接。無真生命與真性情，不獨生命之學問無意義，即任何學問亦開發不出也。而生命之乖戾與失度，以自陷陷人於劫難者，亦唯賴生命之學問，調暢而順適之，庶可使其步入健康之坦途焉。」

。十月，發表「道德的形上學之完成」於民主評論十四卷第二十期。

。是年，再度應約在港大校外課程部主講：宋明儒學綜述，共十二次。其講錄分別發表於人生雜誌與民主評論。（按、此講錄乃簡約之綜述，不免疏略，後以「心體與性體」既出，先生遂不復將此講錄輯印出書。）

⊙民國五十三年（一九六四），甲辰，五十六歲。

。在香港，任教港大。

。三月，應東海大學之約，返台講學半年。（夫人公子偕來。）
。分期發表「胡五峰知言之疏解」於民主評論。
。是年，譯康德「道德底形上學之基本原則」完稿。

⊙民國五十四年（一九六五），乙巳，五十七歲。
。在香港，任教港大。
。分期發表「陸象山與朱子之爭辯」於民主評論。

⊙民國五十五年（一九六六），丙午，五十八歲。
。在香港，任教港大。
。按，此後兩年，先生專力撰著「心體與性體」，未發表單篇論文。

⊙民國五十六年（一九六七），丁未，五十九歲。
。在香港，任教港大。

⊙民國五十七年（一九六八），戊申，六十歲。
。在香港。
。春，應唐君毅先生之約，由港大轉中文大學研究院及新亞書院哲學系任教。

。五月，「心體與性體」第一冊，由台北正中書局出版。

全書分綜論部與分論部。綜論部計五章，全書之宗旨義蘊皆總述於此。分論一、濂溪與橫渠兩大章，與綜論部合為第一冊，共六百五十餘頁。分論二、明道、伊川、胡五峰三大章，為第二冊，共五百四十餘頁。分論三、專講朱子，分九章，為第三冊，五百五十餘頁。

先生自序有云：「予以頑鈍之資，恍惚搖蕩困惑於此學之中者有年矣。五十以前，未專力於此。猶可說也。五十而後，漸為諸生講說此學，而困惑滋甚，寢食難安。自念苦未能了然於心，誠無以對諸生，無以對先賢，亦無以對此期之學術。乃發憤誦數，撰成此書，亦八年來之心血也。」

按先生從頭疏導此期之學術，實在煞費工夫。先擺開文獻材料，找出其中之線索，勾出各家之眉目，比觀對照，不存成見，反覆再三，始漸見出其義理之必然歸趨。最後，確定北宋之周濂溪、張橫渠、程明道、程伊川，南宋之胡五峰、朱子、陸象山，明代之王陽明、劉蕺山，此九人乃是宋明儒學之綱柱。此九人前後互相勾連，在義理問題之發展上，亦先後相銜接、相呼應。北宋諸儒，由中庸易傳之講天道誠體，回歸到論語孟子之講仁與心性，最後始落於大學講格物窮理。而其義理系統之開展，實繫於對道體性體之體悟。濂溪首先「默契道妙」；橫渠進而貫通天道性命，直就道體言性體；至明道，以其圓融之智慧，盛發「一本」之論，客觀面之天道誠體與主觀面之仁與心性，皆充實飽滿而無虛歉，兩面直下通而為一，即心即性即天，而完成了內聖圓教之模型。

此北宋前三家所體悟之道體、性體，以至仁體、心體，皆⑴靜態地為本體論的實有，⑵動態地為宇宙論的生化之理，⑶同時亦即道德創造之創造實體。所以既是理，亦是心，亦是神，乃「即存有即活動」者（活動，是就能引發氣之生生、有創生性而言）。明道卒後，其弟伊川有二十年獨立講學之時間，乃依其質實的直線分解之思考方式，將道體性體皆體會為「只是理」。既然只是理，就表示它不是心、不是神，亦不能在此說寂感。道體之「神」義與「寂然不動、感而遂通」義既已脫落，則道體便成為「只存有」而「不活動」的理，而本體宇宙論的創生義，遂泯失而不可見。言道體是如此，言性體亦然。伊川又將孟子「本心即性」析而為心性情三分，性只是形上之理，心與情則屬於實然的形下之氣。理上不能說活動，活動義落在氣（心、情）上說。於是性體亦成為「只存有」而「不活動」。由於對道體性體之體會有偏差，乃形成義理之轉向。唯此一轉向，在伊川並不自覺，二程門人亦未嘗順伊川之轉向而趨，而南宋初期之胡五峰，則乃上承北宋前三家之理路而發展，開出「以心著性、盡心成性」之義理間架。到此時為止，伊川之轉向還只是一條伏線。但朱子出來，因其心態同於伊川，乃自覺地順成了伊川之轉向，而另開一系之義理。接著象山直承孟子而與朱子相抗，於是，朱子、象山、加上五峰之湖湘學，乃形成三系之義理。下及明代，王陽明呼應象山，劉蕺山呼應五峰，宋明儒學之義理系統，乃全部透出而完成。

以是，先生認為只分程朱、陸王二系，並不能盡學術之實與義理之全。一則平常所謂程朱，實指伊川與朱子，而明道變成無足輕重，此大不可。二則明道即心即性即天，其學可講性即理，實亦可講心即理，而伊川朱子則不能說心即理，故以明道與伊川朱子合為一系，在義理上有刺謬。三則胡五峰之湖湘學，實承北宋前三家而發展，乃北宋儒學之嫡系，其「以心著性、盡心成性」之義理間架，有本質上之必然性與重要性，故明末劉蕺山雖與五峰時隔四、五百年，而猶然呼應「以心著性」之義，而使宋明儒學得一完整之歸結。據此，先生乃作如下之分判：北宋前三家，濂溪、橫渠、明道為一組，此時，只有義理之開展，而無義理之分系。以下伊川朱子為一系，象山陽明為一系，五峰蕺山為一系。（按、「心體與性體」三大冊，只寫到朱子。第四冊陸王與蕺山，延至十年後方出版。）

。七月十四日，新亞書院與東方人文學會聯合舉行「熊十力先生追悼會」，先生在會上報告熊先生之學術思想，並獻輓聯云：「天將以夫子為木鐸，任乾坤倒轉，率獸食人，常運悲心存大理；時適逢大易之明夷，痛南北隔離，沍陰錮世，無由侍教慰孤衷。」

。八月，應約返台參加中華學術院主辦之世界華學會議，並欲商同徐復觀先生為熊先生舉行追悼會而未果。

。時，中興大學籌設文學院，約請先生出任院長。先生以為，辦文學院而無哲學系，無益，乃商請校方建議教育部創設中興大學哲學系，不果。九月中，回港。

。十月，「心體與性體」第二冊出版。

卷三 六十一歲至七十歲

⊙民國五十八年（一九六九），己酉，六十一歲。

。在香港，任教中文大學。

。是年，接任新亞哲學系主任。先後主授魏晉玄學、南北朝隋唐佛學、宋明儒學、康德哲學、知識論等課程。

。六月，「心體與性體」第三冊出版。

。秋冬之際，「智的直覺與中國哲學」完稿。

⊙民國五十九年（一九七〇），庚戌，六十二歲。

。在香港，任教中文大學。

。發表「我與熊十力先生」於新亞中國學人創刊號。

。九月，「生命的學問」由台北三民書局出版。

此書由孫守立編輯，收文二十一篇。先生作序，有云：此書不是一有系統的著作，但當時寫這些文字，實乃環繞我的「歷史哲學」、「政道與治道」、「道德的理想主義」這三部書而寫成，也可說是以這三部書所表示的觀念為背景，而隨機撰為短章以應各報刊之需要。這些短篇文字，不管橫說豎說，總有一中心觀念，即在提高人的歷史文化意識，點醒人的真實生命，開啟人的真實理想。此與時下一般專注意於科技之平面的、橫剖的意識有所不同。此所以本書名曰「生命的學問」。

生命總是縱貫的、立體的。專注意於科技之平面橫剖的意識，總是走向腐蝕生命而成為「人」之自我否定。中國文化的核心是生命的學問。由真實生命之覺醒，向外開出建立事業與追求知識之理想，向內滲透此等理想之真實本源，以使理想真成其為理想，此方是生命的學問之全體大用。

。是年起，先生於撰著佛性與般若一書之餘，並陸續從事康德純理批判之翻譯。

⊙民國六十年（一九七一），辛亥，六十三歲。

。在香港，任教中文大學。

。三月，「智的直覺與中國哲學」由台北商務印書館出版。

書分二十二章，三百八十餘頁。二年前，先生偶讀海德格的「康德與形上學的問題」以及「形上學引論」二書，發現海德格建立存有論的路並不通透，對形上學的層面亦有誤置，因而引發撰著本書之動機。唯若關聯先生自己的著作而言，則此書之撰寫，一方面是上接「認識心之批判」而進一步疏解康德的原義，另一方面是作為「心體與性體」綜論部討論康德的道德哲學之補充。先生此書，涉及康德的地方，是以自己所譯之原文加以疏導。而關於抉發中國哲學所含的智的直覺之意義，則徵引儒釋道三家之文獻，就儒家之「本心仁體之誠明、明覺、良知，或虛明照鑑」（德性之知），道家之「道心之虛寂圓照」（玄智），佛家之「觀照即空即假即中之實相的般若智」，及其展示一圓教之典型，以詮表中國三大教的「智的直覺」義。

先生認為，智的直覺不但在理論上必須肯定，而且是實際地必能呈現。如此，則中國哲學可以「哲學地」建立起來，而且康德自己所未能真實建立的，亦因此而可以客觀地真實地建立起來。先生由康德的批判工作接上中國哲學，進而開出「基本存有論」的建立之門路（從本心道心或真常心處建立）。⑴本心、道心、真常心，是實有體；⑵實踐而證現這實有體，是實有用；⑶成聖成真人成佛以取得實有性（即無限性），此便是實有果。這「體、用、果」便是基本存有論的全部內容。

先生又謂，不講形上學則已，如要講，則只能就康德所說的「超絕形上學」之層面，順其所設擬的（物自身、自由意志、道德界與自然界之溝通）而規畫出一個道德的形上學，以智的直覺之可能來充分實現它。所以，基本存有論只能就道德的形上學而建立（若擴大概括佛道二家，則可說就實踐的形上學來建立）。而海德格卻從康德所說的「域內形上學」之領域以建立他的存有論，將存有論置於時間所籠罩的範圍內（故有「實有與時間」一書之作），他要拆毀柏拉圖以來的西方傳統之存有論史，以恢復柏拉圖以前之古義。事實上，此乃形上學層面之誤置。他的入路是「存在的入路」，他的方法是「現象學的方法」。入路有可取，方法則不相應。故先生認為他建立存有論的路是不通透的。康德曾作「形上學序論」，海德格改作「形上學引論」，先生此書則仍歸於康德，並順其「超絕形上學」之領域，而開出康德所嚮往而卻未能建立的「道德的形上學」。

。九月，發表「龍樹辯破數與時」於新亞學術年刊。

。十二月，「存在主義入門」、「我的存在的感受」二文，編入「存在主義與人生問題」一書，由香港、大學生活社出版。

⊙民國六十一年（一九七二），壬子，六十四歲。

。在香港，任教中文大學。

。六月，應邀赴夏威夷大學，參加以王陽明為主題之東西哲學家會議。回程過台北小停，中國文化大學創辦人張其昀先生偕同哲學研究所所長謝幼偉先生親至僑泰賓館，致送華岡教授聘書，邀請先生於新亞退休後至華岡講學。

。九月，發表「王學的分化與發展」於新亞學術年刊。

⊙民國六十二年（一九七三），癸丑，六十五歲。

。在香港，任教中文大學。

。一月，在新亞月會講「中國知識分子的命運」，講詞發表於新亞雙周刊。

。夏，「現象與物自身」完稿。

。發表「王龍溪致知議辯疏解」於新亞學術年刊。

⊙民國六十三年（一九七四），甲寅，六十六歲。

。在香港，任教中文大學。

。七月，與唐君毅先生同時由香港中文大學退休。

。九月，發表「智者大師之位居五品」於新亞學術年刊。

。十月，返台就華岡教授之聘，在文化大學哲學研究所主講康德哲學。（次週起，改借師大教室上課，以利便台北市區各大學研究生聽講。）

。冬月，先後在台北師大、台南成功大學、台中中興大學作學術演講，發揮儒釋道三教大義。又在高雄佛光山佛學院講：弘揚宗教的態度。

。時，清華大學籌設文科研究所，擬設置語言學、史學、哲學三講座，校長徐賢修氏面邀先生任哲學講座。後籌設未成，遂不果。

。臘月，回港度歲。

。是年，「歷史哲學」、「才性與玄理」、「中國哲學的特質」，先後由台北學生書局重印出版。

⊙民國六十四年（一九七五），乙卯，六十七歲。

。在香港，任教新亞研究所，為哲學組導師。

。先後發表「涅槃經之佛性義」於清華學報，「關於大乘止觀法門」於成大學報，「天台宗之判教」於佛光學報，「中國傳統思想與西方民主精神之匯通與相濟」於人與社會三卷二十期。

。八月，「現象與物自身」由台北學生書局出版。

三年前，先生因著講授知識論一課之機緣，欲將平素所思作一系統之陳述，於是一面口講，一面筆寫，閱八月而完稿。這是先生撰寫最快之書，但卻是四十餘年學思工夫蘊積而成。書分七章：1.問題的提出；2.德行的優先性；3.展露「本體界的實體」之道路；4.由「知體明覺」開「知性」；5.對於「識心之執」之超越的分解：知性的形式簇聚之「邏輯概念」之超越的分解；6.知性的形式簇聚之「存有論的概念」之超越的分解（附錄：經驗的實在論與超越的觀念論釋義）；7.「執相」與「無執相」之對照。全書合序目將近五百頁。

此書之內容，以康德的「現象」與「物自身」之區分為中心，而以中國的傳統哲學為說明此一問題之標準。康德說我們所知的只是現象，而不是物自身。現象是感觸直覺的對象，物自身則是智的直覺之對象，而智的直覺專屬上帝所有。又說上帝只創造物自身，而不創造現象。康德的點示，當然含有一種洞見。但吾人並不能由此輕描淡寫的點示，而了知物自身的確義。因而現象與物自身之區分永遠不能明確而穩定，而康德系統內部的各種主張亦永遠在爭辯中而不易為人信服。

近十多年來，先生重讀康德，而且翻譯了「純粹理性批判」與「實踐理性批判」。在譯述的過程中，正視了康德的洞見之重大意義，亦見到知性之存有論的性格之不可廢，並依據中國的傳統，肯定「人雖有限而可無限」，「人有智的直覺」。由中國哲學傳統與康德哲學之會合而激出一個浪花，乃更能見出中國哲學傳統之意義、價值，及其時代之使命與新生。並由此而看出康德哲學之不足。於是而有此書完整通透的系統之陳述。至於「智的直覺與中國哲學」，則是此書之前奏。

先生自謂，「步步學思，步步糾正，步步比對，步步參透」，參透到此書寫成，而後覺得灑然。先生依於中國哲學之傳統，指出道家之玄智、佛家之空智、儒家之性智，皆是自由無限心之作用。由自由無限心而說智的直覺。而所謂「物自身」（物之在其自己），並非一事實的概念，而是一個有價值意味的概念，它就是物之本來面目、物之實相。所以，物自身乃是一個「朗現」（對自由無限心而朗現，亦即對智的直覺而朗現）。

對自由無限心（智心）而言，為物自身；對認知心（識心、有限心）而言，為現象。「現象」與「物自身」之特殊義，既皆得以確定而不搖動，則二者之間的超越區分，亦遂充分證成不搖動。對自由無限心而言，而有「無執的（本體界的）存有論」，對識心之執而言，而有「執的（現象界的）存有論」。這兩層存有論之建立，後者以康德為主，前者以中國的哲學傳統為主。先生這部工作，是依法不依人、依義不依語，以作「稱理而談」的融攝。此步融攝，必須對中國哲學傳統有確定之了解。而先生此書之綜述，乃以「才性與玄理」、「佛性與般若」、「心體與性體」三書為根據。（按、先生為此書所作十七頁之長序，對其平生之學思與撰著此書之哲學根據，以及通過此書對當前時代之判教與融通，皆言之極精要而明透。）

◦是年，重新訂改「佛性與般若」，全部完稿。又，去年返台所作專題演講：「儒家之道德的形上學」、「道家之無底智慧與境界形態上的形上學」、「佛家的存有論」、「宋明儒學之三系」，皆整理成稿，發表於「鵝湖月刊」三、四、六、七各期。

⊙民國六十五年（一九七六），丙辰，六十八歲。

◦在香港，任教新亞研究所。秋，返台講學。

◦發表「如來禪與祖師禪」、「分別說與非分別說」於鵝湖八、九、十、十一各期。又重刊「惠施與辯者之徒的怪說」於鵝湖十三至十六期。

◦九月，應教育部客座教授之聘，於十一月返台，主講「宋明儒學」、「南北朝隋唐佛學」兩課程於國立台灣大學哲學研究所。台北各大學師生聞風來聽講者，每堂恆百餘之數。（今按、先生與在台門人書，嘗云：「新亞退休之後，當略師孔子歸魯之意，返台作數年講學，以培養青年，留下一個線索，於願足矣。」先生此番返台講學，與孔子自衛歸魯之年，同為六十八歲，可謂歷史之巧合。）

◦重刊「直覺的解悟與架構的思辨」一文於鵝湖十七、十八期。

◦先後應中國文化大學、台灣大學、東海大學與中興大學之邀，講「我的學思經過」，雖同一講題，而先生對機而說，各校學子大受鼓舞。而台大所講者，尤具激盪興發之效。

。十二月，應鵝湖月刊社之請，假中華文化復興會堂作公開演講，先生以「從鵝湖之會說起」為題，暢論分析之義旨及其對學術之重要性。

⊙民國六十六年（一九七七），丁巳，六十九歲。

。二月初，自台回港度歲。於新亞研究所教課之暇，撰成「王門江右學派」一章。

。四月中，返台大繼續講學。

。五月，應台大哲學學社之請，講「中國哲學未來之發展」。

先生首先指出，所謂中國哲學，非謂「哲學在中國」，而是指「中國的哲學」。蓋西方哲學在中國之風行，不能算是中國哲學之發展。有如羅素哲學在中國，杜威哲學在中國，甚至馬列唯物哲學在中國，或西方宗教在中國，皆非中華民族之慧命，皆非中國哲學之發展。中國哲學自有其源遠流長之傳統。此一傳統以儒家為主流，這是一個常數（定常的骨幹），不可斷絕。所謂中國哲學未來的發展，即是意指以儒家為主流的此一「定常的骨幹」之充實與發展。

中國哲學是否有未來，除了挺顯其自身的義理綱維之外，還要看吾人能否如當初之消化佛教而亦能消化西方哲學。能消化即有未來之發展，否則，便沒有未來之可言。凡消化，必須從消化其高峰著手。西方哲學之高峰是康德。消化西方哲學必須從消化康德入手。在西方，亦實只有康德方是通中西文化之郵的最佳橋梁，而且是唯一的正途。西方哲學有三大支：柏拉圖代表一支，萊布尼茲以及羅素代表一支，康德代

表一支。柏拉圖一支與萊布尼茲之形上學一面已消化於康德，唯萊氏與羅素之邏輯分析一套，則康德未及消化，故此步消化必須中國人自己來完成。「認識心之批判」一書，正是基於此一用心而撰成。再進一步，便是消化康德。「現象與物自身」一書，即意在勉盡此責。然此非一人之事，亦非一時可了，願天下有志者共相勉勵。（按、此意，先生在「才性與玄理」書中已先發之。見頁二七七、二七八。）

。中華民國哲學會改組復會，先生與唐君毅先生以最高票數當選常務理事。唯哲學會流品複雜，會員之學術意識亦多薄弱，故先生意欲團聚純正學人，以另謀哲學研究之正常發展，而形格勢禁，難申弘願。

。六月，「佛性與般若」（上、下冊），由台北學生書局出版。

書分三部，共一千二百餘頁。第一部綜述綱領，共四章：1.大智度論與大般若經；2.中論之觀法與八不；3.龍樹之辯破數與時；4.大涅槃經之佛性義。第二部，分六章以論述前後期之唯識學，以及起信論與華嚴宗。1.地論與地論師；2.攝論與攝論師；3.真諦言阿摩羅識；4.攝論與成唯識論；5.楞伽經與起信論；6.起信論與華嚴宗。一、二兩部合為上冊。第三部為下冊，專講天台宗，分為二分。第一分為天台圓教義理系統之陳述，共四章：1.天台宗之判教；2.從無住本立一切法；3.「十不二門指要鈔」之精簡；4.智者大師之位居五品。第二分為天台宗之故事，共五章：1.法登論天台宗之宗眼兼判禪宗；2.天台宗之文獻；3.天台宗之衰微與中興；4.天台宗之分為山家與山外；5.辨後山外之淨覺。書後附錄「分別說與非分別說」一文，以綜述諸大小乘教法不同之關節以及最後之圓教。

先生以中國哲學史之立場，疏導佛教傳入中國以後之發展，並從義理上審識比對，認為天台圓教可以代表最後之消化。依著天台之判教，再回頭閱讀有關之經論，先生乃確然見出其中實有不同的分際與關節。順其判釋的眉目，而了解佛教傳入中國以後的義理之發展，將其中既不同而又相關聯的關節展示出來，此便是先生撰著此書之旨趣。

「般若」與「佛性」兩個觀念，是全書之綱領。般若是共法，行於一切大小乘，但它本身不是小乘，亦不是大乘，亦不足以決定大小乘之所以為大小乘。般若只是一融通淘汰之精神，只是一蕩相遣執之妙用，以使一切法皆歸實相。而事實上它並無積極之建立，所以沒有系統相。系統之不同，繫於佛性與悲願。「佛性」觀念之提出，是在於說明：成佛之所以可能，與依何形態而成佛方為究竟。佛性，可由佛格（佛之性格、體段）與因性（正因、緣因、了因）而了解。(1)小乘想通過解脫而成佛，既成佛，自有佛格之佛性，但無因性之佛性觀念。加上只自度而未能度他，悲願不足，故為小乘。(2)有悲願而不捨眾生，但若只是功齊界內，智不窮源，則並不真能達於無限之境，而佛格佛性亦未能至於遍滿常之境。於此說大乘，只是具有相對大之悲願而已。(3)徹法之源而至於無限之境，由此以言三因佛性之遍、滿、常，是即所謂「如來藏恆沙佛法佛性」一觀念。必須進到恆沙佛法佛性，乃能即九法界而成佛，此方是成佛之圓滿形態。

中國吸收佛教是從般若學開始，般若學之精神，自鳩摩羅什來華而大白於世。但般若是共法，中觀論之觀法亦是共法，乃大小乘所共同者。即使緣起性空，亦是通則通義，大小乘皆承認。故般若學之思想，並不決定義理之系統。另外一面是唯識學。中國對唯識學之吸收，是始於地論師。以其傳入中國之先後為準，地論師與攝論師，可統名曰：前期唯識學。後來玄奘重譯攝論，力復原來之舊，是即一般所稱之唯識宗，可名之曰：後期唯識學。後期唯識學是阿賴耶系統，前期唯識學則為如來藏系統。阿賴耶緣起是經驗的分解或心理學意義的分解，如來藏緣起是超越的分解。順分解之路往前進，至華嚴宗已到達盡頭，成為順唯識系而發展之最高峰。

華嚴宗判教，以「別教一乘圓教」自居，同時又承認天台宗為「同教一乘圓教」。結果，圓教中出現二個形態，而各圓其圓。這表示華嚴之判教有不盡。因為真正的圓教只有一，而無二無三。而且圓教必不能走分解的路。分解是第一序上的分別說，有系統相；凡系統皆是可諍法，可諍則不得其圓。所以真正的圓教，仍當以天台圓教為標準。關於天台之判教，先生曾詳加疏通而有若干調整。其中原委，請看原書。

。七月回港。教課之暇，重新勘對康德「純理批判」譯稿。先生嘗謂：翻譯之事，最適於老年。此時學思較熟練，識見較明達，加之心情鬆閒，從容舒坦，邊看邊譯，隨譯隨解，字斟句酌，煞有味也。

。以台大敦邀繼續講學一年，先生遂於十一月再返台大哲研所主講「魏晉玄學」、「天台宗與華嚴宗」兩課程。

。十二月，應華岡哲學學社之請，講「中國哲學之未來」，重申前義。

⊙民國六十七年（一九七八），戊午，七十歲。

。一月二十八日，回港度歲。

。二月二日，唐君毅先生病逝香港，先生感傷不已，特於悼念文中揭示「文化意識宇宙」一詞，謂此一文化意識宇宙，乃中國文化傳統所獨闢與獨顯，它是夏商周之文質損益，再經孔孟內聖外王成德之教而開闢出。宋明儒者是此宇宙中之巨人，顧、黃、王亦是此宇宙中之巨人，唐先生則是現時代此宇宙中之巨人。又輓以聯曰：「一生志願純在儒宗，典雅弘通，波瀾壯闊，繼往開來，智慧容光昭寰宇；全幅精神注於新亞，仁至義盡，心力瘁傷，通體達用，性情事業留人間。」

。二至四月，在新亞研究所教課之餘，撰述心體與性體第四冊「陸象山、劉蕺山」兩章完稿。

。四月十九日，返台大繼續講學。

。五月，先後應邀講「天台宗在佛教中的地位」於佛光山佛學院台北別院，講「文化意識宇宙的函義」於師大國文學社。

。同月二十一日（夏曆四月二十五日）為先生七十哲誕之辰，在台門人特設宴祝壽，並編印祝壽文集，其編印緣起有云：

「今年孟夏吉辰，為先生七十哲誕之慶。客歲春月，在台同門有編印祝壽論集之倡議，唯散篇論文，義難相屬，意亦浮泛，今所不取。為使吾人主觀之誠敬，而能表現客觀之意義，則論集諸文當以介述先生之學為主旨。凡先生所著各書，皆針對某一時代或某一方面之學術問題，而提供一解決之道。唯各書之旨趣及其義理之綱脈、思想之根據、與夫解決某一問題之理路，一般讀者或未易真切把握，學界中人恐亦不免隔閡而鮮有相應之了解。從游諸友苟能本一己之所得，就某一書或某一論題作一相應而中肯之介述與討論，則不僅嘉惠初學，對當前之學術而言，亦將可有摩盪啟迪之效。爰於去年夏秋之間，邀約諸友分頭撰文，輯為此書。既以略表同為先生祝嘏之微忱，而尤在本乎公誠之心為先生之學親作見證。」

。七月二十日回港，再度校訂康德書之譯稿，並隨文酌加註解。

。八月，「道德的理想主義」修訂三版，作修訂版自序，並增入「悼念唐君毅先生」、「文化意識宇宙一詞之釋義」二文為附錄，由台北學生書局印行。

。九月，「牟宗三先生的哲學著作」（祝壽集），由台北學生書局出版，共九百六十頁。

開端一文，由蔡仁厚執筆，分五階段（1.直覺的解悟，2.架構的思辨，3.客觀的悲情與具體的解悟，4.舊學商量加邃密，5.新知涵養轉深沉），以綜述先生之學思歷程與著作。

其餘諸文，類分為三組：㈠關於歷史文化者，為甲編：有陳拱之「道德的理想主義闡要」；周群振之「道德理性與歷史文化」；朱維煥之「中華民族之生命形態」；陳修武之「我讀政道與治道」；鄭力為之「儒家正名論之檢討」；陳癸淼之「牟先生論先秦名理之學」。㈡關於中國傳統哲學者，列為乙編：有蘇新鋈之「才性與玄理之啟示」；廖鍾慶之「佛性與般若之研究」；蔡仁厚之「心體與性體的義理綱脈」；戴璉璋之「德行之知與見聞之知」；楊祖漢之「儒學的超越意識」。㈢關於中西哲學會通者，列為丙編：有劉述先之「牟先生論智的直覺與中國哲學」；冼景炬之「現象與物自身之區分及牟先生之證成」；李天命之「圓教·邏輯」；陳榮灼之「邏輯哲學中的兩種超越進路」；李瑞全之「思解之格度與軌約原則」；鄺錦倫之「牟先生論辯證法」；郭善伙之「讀現象與物自身」；謝仲明之「中國哲學與中國哲學界」。

。十一月，先生再應教育部之聘，第三年講學於台大哲研所，主講「中國哲學之特質」（中國哲學之簡述及其所涵蘊之問題）、「天台宗研究」兩課程。

。十二月十六日，美國宣佈與中共建交，先生於十八日上課時，就此問題談話三小時。後經整理，以「有關美國與中共拉邦交之談話」為題，發表於鵝湖月刊四十三期。

。十二月二十五日，又以「從索忍尼辛批評美國說起」為題，在台大作公開演講，記錄詞發表於台北聯合報，並由聯經出版公司以中英文對照本出版發行。

。是年，「中國哲學的特質」由韓國成均館大學教授宋恆龍先生譯為韓文，在漢城印行。

卷四　七十一歲至七十六歲

⊙民國六十八年（一九七九），己未，七十一歲。

。一月下旬，自台回港度歲。

。三月，「名家與荀子」由台北學生書局出版。

書共二百七十頁。先生自序有云：「此書各篇皆舊作。荀學大略曾於民國四十二年出版，為一獨立之小冊。關於公孫龍子諸篇則曾於民國五十二年發表於民主評論，關於惠施者則曾於民國五十六年發表於香港大學東方文化。今輯於一起名曰：名家與荀子。」又云：「吾將名家與荀子連在一起，旨在明中國文化發展中重智之一面，並明先秦名家通過墨辯而至荀子乃為一系相承之邏輯心靈之發展，此後斷絕而無繼起之相續，實為可惜。」

（按、荀子歷來見斥於儒家正宗，晚近以來論荀學者亦不能觸及荀子之學術心靈。至先生作「荀學大略」，乃真能抉發荀子之真精神。先生指出，荀子尊名崇數，實具邏輯之心智，其心靈與路數，可以說根本就是名數的。對名數之學的文化意義，輒能卓然識其大。他雅言統類、禮義之統、分位之等，善言禮與王制、法之大分、類之綱紀，凡此所說，亦輒能順其理之必然而保持其系統之一貫。此雖不是名數本身之事，但卻為名數心智之所函。窮盡知性之能，光照外物之性，磨練認識之主體，貞定外在之自然，這是名數之學所表現的積極建構之精神。邏輯、數學、科學皆由此出。荀子雖只作正名篇以開其端，並未開出全部名數之學，但其心靈確是名數之心靈，其精神亦是積極建構之精神。今當中國文化亟須開展之時，荀子之學尤具時代之意義。

。四月，返台繼續講學。

。五月，應邀講「五四與現代化」，記詞連載於五月二十九日至六月二日台灣日報。

。六月，發表談話聲援大陸青年人權運動，記詞以「肯定自由，肯定民主」為題，發表於台北聯合報。

。七月一日，應立法委員黃本初先生之邀，在「熊十力先生追念會」上講話，講詞由楊祖漢整理，發表於鵝湖月刊五十期。

。七月十一日，在東海大學主辦之首次中國文化研討會主講「儒家學術之發展及其使命」、「中國文化之現代意義」。

。七月末回港，連續三年返台講學暫告結束。（按、五年前，先生函在台門人，有云：「新亞退休之後，將略師孔子歸魯之意，返台作數年之講學，以為學術留存種子。」而台大三年，正乃先生最為圓熟、最富興會之講學階段也。）

。八月，「從陸象山到劉蕺山」由台北學生書局出版。

全書五百四十頁，分為六章：一、象山之「心即理」；二、象山與朱子之爭辯；三、王學的分化與發展；四、「致知議辯」疏解；五、兩峰、師泉與王塘南（江右王門的演變）；六、劉蕺山的慎獨之學。

先生自序云：「心體與性體共三冊，已於民國五十七年出版於正中書局。在該三冊中，只詳講濂溪、横渠、明道、伊川、五峰與朱子六人。但在詳講此六人中，宋明儒長期發展之可分為三系已確然明白而無可疑。是故在該書出版後，心中如釋重負；雖尚餘陸王一系以及殿軍之劉蕺山未曾寫出，吾亦暫時無興趣再為續寫。遲延至今，忽忽不覺已十年矣。在此十年間，吾亦未輟工作。智的直覺與中國哲學，現象與物自身，佛性與般若，皆在此期間寫成者也。此雖無關於宋明儒，然亦非不增長吾之學思與理解，因而對於宋明儒學之定性與定位亦非無深廣之助益也。吾所涉及之工作至今大體俱已寫成，因此宋明儒之餘三人亦必須寫成，不能再拖。此書定名曰從陸象山到劉蕺山，實即心體與性體之第四冊也。」

又云：「夫宋明儒學，要是先秦儒家之嫡系，中國文化生命之綱脈。隨時表而出之，是學問，亦是生命。自劉蕺山絕食而死後，此學隨明亡而亦亡。自此以後，進入滿清，中國之民族生命與文化生命遭受重大之曲折，因而遂陷於劫運，直劫至今日而猶未已。憶！亦可傷矣！是故自此以下，吾不欲觀之矣。吾雖費如許之篇幅，耗如許之精力，表彰以往各階段之學術，然目的唯在護持生命之源，價值之本，以期端正文化生命之方向，而納民族生命於正軌。至於邪僻卑陋而不解義理為何物者之胡思亂想，吾亦不欲博純學術研究之名而浪費筆墨於其中也。」

。八月，東海大學成立哲學系，特敦聘先生為中國文化榮譽講座。

。九月，在新亞研究所第一次文化講座講「平反與平正」，講詞於明年一月重刊於鵝湖月刊五十五期。

。十一月起，上學年在台大之講錄「中國哲學之簡述及其所涵蘊之問題」（共十九講），分期連載於中國文化月刊。

⊙民國六十九年（一九八〇），庚申，七十二歲。

。在香港，任教新亞研究所。

。四月，「政道與治道」由台北學生書局重印出版。先生特增入「從儒家的當前使命說中國文化的現代意義」為新版序文。

。五月，應台大哲學研究所之聘，返台指導論文。

。五月二十三日在東海大學講「三十年來大陸知識分子想些什麼」，講詞發表於六月二十一日聯合報。

。六月四日，在台大講「談民國以來大學的哲學系」，講詞發表於鵝湖月刊六十一期。

。七月二十五日，應韓國退溪學會理事長李東俊先生之邀，赴漢城主持學術座談會，並訪問成均館、陶山書院。門人戴璉璋以退溪學會台北師大分會理事身分隨行，於二十九日返台。

。八月二日，應聯合報之邀作公開演講，題為「中國文化的斷續問題」，講詞發表於十月三十一日聯合報副刊。

。八月上旬，自台回港。

。九月，「訪韓觀感」、「訪韓答問錄」發表於鵝湖月刊六十二、六十三期。

。是年，新亞研究所成立博士班，先生任哲學組導師。

⊙民國七十年（一九八一），辛酉，七十三歲。

。在香港，任教新亞研究所。

。春間，旅美學者陳榮捷氏與哥倫比亞大學教授狄百瑞聯名函邀先生出席明年在夏威夷舉行之國際朱子會議，先生憚於遠行，乃覆函辭謝。門人蔡仁厚等同時受邀，於明年七月赴會宣讀論文。

。廖鍾慶發表「棲霞內聖學述」於鵝湖月刊（自六十八期起連載），介述先生之學。

。三月，講「中國哲學的未來拓展」於香港中文大學，馮耀明整理記錄，刊於鵝湖七十二期。

。五月，應聯合報與東海大學聯合邀請，返台作短期講學。

。七月中旬，由聯合報安排，假三軍文藝中心作兩次公開演講，總題為「文化建設的道路」、十三日講第一子題「歷史的回顧」極為轟動，十六日聯合報刊出講詞，反應尤為熱烈。十七日講第二子題「現時代文化建設的意義」時，行政院孫運璿院長與文化建設委員會籌備會主任委員陳奇祿教授特相偕前來聽講云。

。八月初回港。

。十月，講「僻執、理性與坦途」於新亞研究所月會，講詞先刊於香港百姓月刊，後轉載於中國文化月刊二十八期、鵝湖月刊八十期。

。教課之暇，繼續為康德書之譯註作最後之對勘。

⊙民國七十一年（一九八二），壬戌，七十四歲。

。在香港，任教新亞研究所。

。年初，聯合報與台大協議，合聘先生為特約講座，唯先生以台大哲學系氛圍複雜，未即應承。

。四月一日，徐復觀先生病逝於台北，先生特為文悼念，刊於鵝湖八十二期。又囑在台門人致送輓聯云：「崇聖尊儒，精誠相感，鉅著自流徽，辣手文章辨義利；闢邪顯正，憂患同經，讜言真警世，通身肝膽照天人。」

。九月，「康德的道德哲學」由台北學生書局出版。

此書乃合康德兩書而成。甲為「道德底形上學之基本原則」，乙為「實踐理性底批判」。後者又分二部：第一部為純粹實踐理性底素論。（內含二卷，卷一為分析部：純粹實踐理性底分析，計三章；卷二為辯證部：純粹實踐理性底辯證，計二章。）第二部為純粹實踐理性底方法學。全書共四百五十餘頁。

先生此譯，係據阿保特之英譯本而譯成。書中隨文作譯註，加案語，以期與儒學相比觀，俾讀者對雙方立言之分際，獲得真切之理解。其「譯者之言」末段云：「康德書行世至今已二百餘年，而中國迄今尚無一嚴整而較為可讀之譯文，是即等於康德學尚未吸收到中國來。吾人如不能依獨立之中文讀康德，吾人即不能言吸收康德，而中國人亦將始終無福分參與於康德學。進一步，吾人如不能由中文理解康德，將其與儒學相比觀，相會通，觀其不足者何在，觀其足以補充吾人者何在，最後依『判教』之方式處理之，吾人即不能言消化了康德。吾之所作者只是初步，期來者繼續發展，繼續由德文譯出，繼續依中文來理解，來消化。此後一工作，必須先精熟於儒學，乃至真切於道家佛家之學，總之，必須先通徹於中國之傳統，而後始可能。」

。十一月下旬，先生在各方企盼敦促之下自港返台，應台大之聘，主講「中國哲學之契入」、「中西哲學會通之分際與限度」兩課程。

。十二月二十五日，應聯合報文化基金會之邀，講「漢宋知識分子之規格與現時代知識分子立身處世之道」。講詞刊於聯合報副刊。

⊙民國七十二年（一九八三），癸亥，七十五歲。

。一月三十一日，講「哲學的用處」於東海大學文化研討會，記詞刊於中國文化月刊。

。二月初，自台回港度歲。

。三月，「康德純粹理性之批判」上冊，由台北學生書局出版。（下冊，於七月出版）。上冊五百四十三頁，下冊四百九十頁，合共一千零三十三頁。

上冊之內容，為「序言」、「引論」、超越的成素論之第一部「超越的感性論

（攝物學）」，以及第二部「超越的邏輯（辨物學）」之第一分「超越的分解」。此分解部又分為兩卷：第一卷、概念底分解。（分二章：1.知性底一切純粹概念底發見之線索，2.知性底純粹概念之推證。）第二卷、原則底分解。（分三章：1.知性底純粹概念之規模（圖式），2.純粹知性底一切原則之系統，3.一切對象一般之區分為感觸物與智思物之根據。）

下冊之內容，為「超越的邏輯」之第二分「超越的辯證」。此辯證部又分為兩卷：卷一、純粹理性底概念（分三節）。卷二、純粹理性底辯證推理。（分三章：1.純粹理性底誤推，2.純粹理性底背反，3.純粹理性之理想。）

先生此譯，以肯·士密斯之英譯本為據。上下兩冊，皆有「譯者之言」，以說明翻譯之旨趣。書中並隨文作註解，加案語，其嘉惠讀者，實非淺鮮。

。四月十六日，返台大繼續講學。

。五月十七、二十五日，應聯合報文化基金會之邀，分別講述中國文化大動脈中之「現實關心問題」，「終極關心問題」。

。七月八日，自台回港。時梁燕城自夏威夷赴加拿大出席國際中國哲學會議，其論文係介述先生之哲學思想。會後梁君陳函於先生，言及與會學者John Berthrong 自稱對先生之著作，全面讀過，認為先生乃世界水準之大哲，非特中國之哲人而已。先生云，此固浮譽，然亦稍可告慰於先賢而無負於國家矣。

。七月，「康德純粹理性之批判」下冊出版。

。九月，「中國文化大動脈中的現實關心問題」、「中國文化大動脈中的終極關心問題」兩篇講詞，發表於聯合報副刊。中華電視台「華視新聞雜誌」特將講詞製為單元節目，分週播映。

。十月，「中國哲學十九講」由台北學生書局出版。

先生作小序云：「予既寫才性與玄理，佛性與般若，心體與性體，以及從陸象山到劉蕺山，諸書已，如是乃對中國各期哲學作一綜述，此十九講即綜述也。此十九講乃於民國六十七年對台大哲學研究所諸生所講者。當時口講本無意成書，諸同學認為將各講由錄音整理成文，可供學者悟入中國哲學之津梁，否則，茫茫大海，渺無頭緒，何由而知中國哲學之面貌耶？如是由陳博政、胡以嫻、何淑靜、尤惠貞、吳登臺、李明輝六位同學分任其責，而以胡以嫻同學盡力獨多。諸同學之辛勞甚可感也。吾順其記述稍加潤飾，期於辭達意明，雖非吾之行文，然較具體而輕鬆，讀者易順之而悟入也。於所述者盡舉大體之綱格，不廣徵博引，縷述其詳；欲知其詳，當回看上列諸書，知吾之所述者皆有本也。無本而綜述，鮮能的當，此不得曰綜述，乃浮光略影也，故多膚談而錯誤，不足為憑。綜述已，則各期思想之內在義理可明，而其所啟發之問題亦昭然若揭。故此十九講之副題曰：中國哲學之簡述及其所涵蘊之問題。簡述以明固有義理之性格，問題則示未來發展之軌轍。繼往開來，有所持循，於以知慧命之相續繩繩不已也。」

十九講之目次如下：1.中國哲學之特殊性問題。2.兩種真理以及其普遍性之不同。3.中國哲學之重點以及先秦諸子之起源問題。4.儒家系統之性格。5.道家玄理之性格。6.玄理系統之性格：縱貫橫講。7.道之「作用的表象」。8.法家之興起及其事業。9.法家所開出的政治格局之意義。10.先秦名家之性格及其內容之概述。11.魏晉玄學的主要課題以及玄理之內容與價值。12.略說魏晉梁朝非主流的思想並略論佛教「緣起性空」一義所牽連到的諸哲學理境與問題。13.二諦與三性：如何安排科學知識。14.大乘起信論之「一心開二門」。15.佛教中圓教底意義。16.分別說與非分別說以及「表達圓教」之模式。17.圓教與圓善。18.宋明儒學概述。19.縱貫系統的圓熟。全書共四百五十頁。

◦十二月，「中國文化的省察」（中英對照本），由台北、聯經出版社印行。

◦附記：八月間，前台大哲學系主任黃振華，邀約戴璉璋、蔡仁厚共商籌設哲學研究中心，期能迎請先生返台主持指導，以培養中國哲學人才。旋由仁厚詳擬全套計畫規章，採取管道與有關部門往復磋商數月，而未果。於以知在位者學術意識之薄弱，可為浩歎。

⊙民國七十三年（一九八四），甲子，七十六歲。

◦在香港，任教新亞研究所。

◦三月，先生二公子伯璉偕同長孫（長公子伯璇之子）由山東老家來港探親，住約一月。

。時，行政院遴選先生為國家文化獎章受獎學者。先生乃於十二月返台，十五日上午由嚴前總統頒獎，下午蔣總統邀晤茶敘。鵝湖月刊以編委會之名義發表賀詞，略云：

政府遷台以來，教育部所設之學術獎，行之已三十年。其中人文學一門雖有時從缺，亦屢有學者獲獎；唯獨學術著作最弘富、最精實之唐君毅先生與牟宗三先生一直無緣。多年以來，士林惑之。唯據吾人所知，教育部之學術獎須經一番著作送審之手續，唐牟二先生固無意於此。語云，實至而名歸。然就二先生言，名之歸不歸，固無所縈其懷也。

今行政院之文化獎，則係採主動提名之方式，待評議定妥，然後邀請獲獎人受獎。此一方式，實較合於國家獎崇學術、尊敬碩學之美意。師儒賢哲，邦國之光。國家尊師儒，師儒報國家。然尊賢必以其道，必得其宜，否則賢者不敢受也。本年度牟宗三先生獲受行政院之文化獎，剋實而言，固不足以增榮牟先生；但就「顯示政府尊師儒之真誠」以及「激勵人文學者學術報國之心志」而言，則實具重大之意義。

夫前修開創，後學繼踵，文化之任，責在多士。本刊素以振興中國文化與中國哲學為職志，雖力有未逮，而心志彌堅。今後尤當奮其精誠，與天下有識者共相勉勵。

。三月二十一日，應東海大學哲學研究所之請，講「哲學研究之途徑」。二十三日回港。

。三月，「時代與感受」，由鵝湖出版社印行。

此書大部分為先生七十以後之講錄，共二十四篇，計四百三十頁。先生自序指出，一個人處於非理性的時代，即不能不理會此非理性時代之何由而來。此中所含之問題，不只是泛泛的思想問題，乃是人類價值的標準問題，人類文化的方向問題。先生自讀大學之時，即面對國家之處境與邪僻之思想而有痛切之感，歷五十餘年之災害與劫難，感益深而痛益切。序言末段云：我的一生，可以說是「為人類價值之標準與文化之方向而奮鬥以申展理性」之經過。我徹底疏通了中國智慧之傳統，並疏通了中國文化發展中之癥結，寫了許多學術性的專書，並隨時亦作了些通俗性的講演。近來鵝湖出版社把這些講詞輯成部帙，我名之曰「時代與感受」，凡有所說，皆有所本。

又云：近見鵝湖第一百期載有王邦雄君一文，題曰：「從中國現代化過程中看當代新儒家的精神開展」，其中對於曾、胡洋務，康、梁維新，下屆保皇、保教、國粹諸想法之陋劣與義和團之愚迷，以及五四新文化運動之激情，直至馬列邪執之征服大陸，這一步一步的扭曲與顛倒，皆作了綜括性的評述。王君有通識與慧解。這一步一步的扭曲顛倒正是中國步入非理性的時代之寫照。王君道說其故甚諦當而確切，我見之甚喜。如是，乃商得王君之同意，將該文列為本集之導言，以通讀者之心志。閱此集者先看此導言，必較有眉目，且可了然於近代中國之所以受苦難，並非無故。

。七月間，有關方面意欲在中央研究院成立哲學研究所，邀請先生主持，先生以為不可。八月三日函復蔡仁厚有云：「政府若取開明政策，最好依多元原則，順已有者之各自立場而謀之，其可也。若想統籌辦理，則決不可勉強牽合。吾人現實上無任何憑藉。若政府覺吾人之所思，於文化方向與國家命脈尚有其扶成之作用，則請量力而助之，讓其自發地在社會上起一點作用。若無能為力，則亦無所謂。勉強牽合，既不合多元原則，亦不合統籌原則。」

八月，依據杜維明等與國科會陳主委接觸之要點，由蔡仁厚改訂「中國哲學十年研究計畫」，送交國科會參酌。該會擬以三年期之講座教授名義，敦請先生返台講學。然端緒繁複，遲未能定。

卷五　七十七歲至八十二歲

⊙民國七十四年（一九八五），乙丑，七十七歲。

。在香港，任教新亞研究所。秋，返台講學。

。四月中，返台校對「圓善論」。

。五月，「中國哲學十九講」韓文譯者鄭仁在博士來台北出席會議，特面請先生為該書韓文版寫序。書後並附錄蔡仁厚所撰「牟宗三先生的學思歷程與著作」一長文，由鄭炳碩君韓譯（時鄭君正來華修博士學位）。十月，韓譯本由漢城螢雪出版社正式發行。

。五月二十九日，應東海大學研究生聯誼會之請，講「圓善論大旨」。並赴南投高山中興大學惠蓀農場作數日之遊憩。

。六月十五日，應師大與鵝湖月刊社聯合邀請，講「研究中國哲學之文獻途徑」，講詞刊於鵝湖一二一期。

。同月三十日，講「理解與行動」於東海大學文化研討會。會後回港。

。七月，「圓善論」由台北學生書局出版。

全書三百四十頁，分為六章。第一章、基本的義理（孟子告子上篇之疏解），並附錄：宋明儒論人性中的根本惡。第二章、心、性與天與命。第三章、所欲、所樂與所性。第四章、康德論善與圓滿的善。第五章、康德論圓滿的善所以可能之條件。第六章、圓教與圓善（內含五節：1.人格化的上帝一概念之形成之虛幻性，2.無限心一觀念將如何被確立？3.圓教將如何被確立？佛家之圓教與圓善，4.道家之圓教與圓善，5.儒家之圓教與圓善）。

先生於書前作長序，首兩段云：「我之想寫這部書是開始於講天台圓教時。天台判教而顯圓教是真能把圓教之所依以為圓教的獨特模式表達出來者。圓教之所以為圓教必有其必然性，那就是說，必有其所依以為圓教的獨特模式，這個模式是不可移易的，意即若非如此，便非圓教。天台宗開宗於智者，精微辨釋於荊溪，盛闡於知禮，皆在大力表示此獨特模式。觀其所說，實有至理存焉。這是西方哲學所不能觸及的，而且西方哲學亦根本無此問題：圓教之問題。由圓教而想到康德哲學系統中最高善：圓滿的善（圓教）之問題。圓教一觀念啟發了圓善問題之解決。這一解決是依佛家圓教、道家圓教、儒家圓教之義理模式而解決的，這與康德之依基督教傳統而成的解決不同。若依天台判教底觀點說，康德的解決並非圓教中的解決，而乃別教中的解決。因為教既非圓教，故其中圓善之可能亦非真可能，而乃虛可能。詳如本書第六章所說。」

又云：「哲學之為智慧學（實踐的智慧論）即最高善論，這雖是哲學一詞之古義，然康德講最高善（圓滿的善）之可能卻不同於古人。他是從意志之自律（意志之立法性）講起，先明何謂善，然後再加上幸福講圓滿的善。此圓滿的善底可能性之解答是依據基督教傳統來解答的，即由肯定一人格神的上帝使德福一致為可能。我今講圓教與圓善則根據儒學傳統，直接從孟子講起。」

又云：「順孟子基本義理前進，直至天爵人爵之提出，此則可以接觸圓善問題矣。孟子未視圓善為一問題而期解決之。視之為一問題則來自西方，正式解答之則始自康德。康德之解答是依據基督教傳統而作成者，此並非是一圓滿而真實之解決。吾今依圓教義理解決之，則期予以圓滿而真實之解決。但圓教之觀念並非易明者。此則西方哲學所無有也，儒、道兩家亦不全備也。唯佛家天台宗彰顯之，此是其最大之貢獻。此乃由判教而逼至者。中國吸收佛教，其中義理紛然，判教即是一大學問，能判之而彰顯圓教之何所是即是一大智慧。此則啟發於人類理性者既深且遠，而教內外人士鮮能真切明之。智顗、荊溪、知禮，實乃不可多得之大哲學家。吾以此智慧為準，先疏通向、郭之注莊而確立道家之圓教，次疏通儒學之發展至王學之四有四無，由之再回歸於明道之一本與胡五峰之同體異用，而確立儒家之圓教。圓教確立，用於圓善，則圓善之圓滿而真實的解決即可得矣，此則不同於康德之解決而有進於康德者。」

先生又謂本書之所論，「皆經由長途跋涉，斬荊截棘，而必然地達到者。中經才性與玄理、佛性與般若、心體與性體、從陸象山到劉蕺山等書之寫作，以及與康德之對比，始達到此必然的消融。吾愧不能如康德之四無依傍、獨立運思，直就理性之建構性以抒發其批判的哲學；吾只能誦數古人已有之慧解，思索以通之，然而，亦不期然而竟達至消融康德之境而使之百尺竿頭再進一步。於以見概念之分解、邏輯之建構，與歷史地「誦數以通之，思索以貫之」，兩者間之絕異者可趨於一自然之諧和。（中間須隨時有批判與抉擇，以得每一概念之正位）。柏拉圖、亞里斯多德、宗教耶穌、聖多瑪斯、近世笛卡兒、萊布尼茲、洛克、休謨、康德、羅素，代表西方之慧解；孔、孟、老、莊、王弼、向秀、郭象、智顗、荊溪、知禮、杜順、智儼、賢首、濂溪、橫渠、二程、五峰、朱子、象山、陽明、龍溪、蕺山，代表中國之慧解。中西融通之橋梁乃在康德。西方多激盪，有精采，亦有虛幻；中國多圓融平實，但忌昏沉，故須建構以充之。圓融不可以徒講，平實不可以苟得。非然者，必下趨於昏沉，而暴戾亦隨之，此可悲也。」

序文之末又云：「處於今日，義理之繁，時世之難，為曠古以來所未有。若無學知與明辨，焉能開愛智慧愛學問之真學（即真教）而為時代作砥柱以消解魔難乎？吾不敢自謂能有真感、真明與真智，唯賴古德近師之教語以自黽勉耳。判教非易事，熊先生之辨解，由於其所處之時之限制，不必能盡諦當，然要而言之，彼自有其真也。吾茲所述者，亦只承之而前進云爾。」

。七月，「中西哲學之會通」（七十一學年度講於台大哲學研究所，共十四講，由林清臣整理成稿），分期發表於中國文化月刊。（鵝湖月刊於十月起連載。）

。九月，應國科會講座教授之聘，返台假師大為講壇，為各大學研究生講授「中國哲學專題研究」，每週四小時。

。十一月，在熊先生百周歲紀念會上講「熊十力先生的智慧方向」，講詞（邱才貴記錄）發表於聯合報與鵝湖月刊一二五期。

⊙民國七十五年（一九八六），丙寅，七十八歲。

。一月，回港度歲。

。三月，譯維特根什坦「名理論」完稿。

。四月十日，返台繼續講學。

。六月，應中央大學「柏園講座」之邀，作公開演講，題為「人文教養與現代教育」，記詞發表於中國時報，後刊於鵝湖月刊一三四期。

。七月回港。

。十月末，返台繼續講學。

。十二月，應中央大學柏園講座之邀，講「中國文化發展中義理開創的十大諍辯」，講詞發表於中國時報與鵝湖月刊。（按、十大諍辯：一為儒墨的諍辯，二為孟子對告子「生之謂性」的諍辯，三為魏晉玄學家之會通孔老，四為言意之辯，五為神滅不滅之問題，六為天台宗山家與山外關於圓教之諍辯，七為陳同甫與朱子爭漢唐，八為王龍溪與聶雙江的「致知議辯」，九為周海門與許敬菴「九諦九解」之辯，十則為當前中國文化如何暢通之問題，此中含四件事：1.破共，2.辨耶，3.立本，4.現代化。）

⊙民國七十六年（一九八七），丁卯，七十九歲。

。一月末，回港度歲。並應韓國退溪學會之邀，出席第九屆退溪學會國際會議（香港中文大學主辦），擔任主題演講。

。四月二十二日，榮獲香港大學頒贈榮譽文學博士學位。港大哲學系教授F. C. Moore博士特致推介詞，略云：

牟教授由儒家的心性之學作起點，建立起一套形上學的思想，他名之曰「道德的形上學」，亦可以說，他為一超越義（非內在義）的形上學系統供給一道德的證明。此一勇敢而有原創性的思想線索有深遠的成果。在牟教授看來，傳統的儒家道德哲學是內聖之學。但他亦發展出自己的外王之學，由儒家的起點產生一政治哲學，維護民主政體以及尊重科學。牟教授關於政治與社會秩序的看法，實形成其思想之重要部分，蓋因他視哲學為一基本地實踐的學問之故。

又云：牟教授因完成許多權威性之學術著作而著名，特別是關於中國哲學之解釋，如魏晉的玄理，宋明的儒學，以及南北朝隋唐的佛教，皆曾寫成專書以明之。關於歷史哲學，他對早期中國歷史供給了一黑格爾式的而且是反唯物論的解釋。又依據西方思想與中國思想，集中於「智的直覺」之觀念而作了一些綜和的研究。他對知識論及邏輯哲學皆有著作，對於康德的興趣仍然繼續著，並對康德著作作了確定性的翻譯。他的學術研究之廣闊，他的觀點之深遠，他的同情與理解之範圍，他的態度之友善，凡此等等，皆反映於他的許多學生、同事及仰慕者對他之尊敬。

又云：在他最近出版之「圓善論」中，牟教授討論了自柏拉圖以來研究哲學之人所熟知的德與福間之關係，他爭辯說：我們不能接受伊辟鳩魯的觀點（依此觀點，福就是德），亦不能接受斯多噶的觀點（此觀點必應使德行即是其自己之福報），他不能接受康德的解答。依康德的解答，上帝將因著懲罰與酬報之平均分配來保證宇宙的公道。想了解牟教授的解答，必須讀他的圓善論。在該書最後一章綜括性的詩歌中有以下之語句：

福德一致根本是圓教中的事，

何須煩勞上帝來作裁決！

我現在重新來宣說「最高善」（圓善），

我只稽首仲尼感謝他為我們留下保證圓善之規範。

最後，又云：校長先生，詩人豪芮斯(Horace)好久以前即宣說，人類天才的成就比一黃銅紀念碑更為永久。因此，在我確認牟宗三教授的成就之後，把這位理論的與實踐的知識之維護者，以其弘揚儒家傳統的權威性的著作、復又以其提倡西方哲學研究之重要而揚名於世者，一個經歷過長期心靈前進之人，出身是農家而職業是學者，是學問的友朋、生命的愛護者，信仰於幸福與德行者，這樣一個哲學家，推薦給校長先生，以便頒贈以榮譽文學博士之學位。

四月二十八日，返台繼續講學。

。七月二日，回港。

。八月，「維特根什坦：名理論」由學生書局出版。

先生譯序指出，維氏此書最大之貢獻是在講套套邏輯與矛盾，此亦正是邏輯本性之正文，一切對於邏輯形式之洞悟與妙悟皆源於此。至於其講世界、講事實、講命題、講圖像，涉及知識、消極地涉及哲學，因而劃定可說不可說之範圍，把超絕形上學一概歸於不可說而置於默然不說之域，凡此等等，皆非邏輯本性之研究的主文，而只是因著論知識命題而消極地觸及著。

先生在羅素學與維氏學鼎盛之時，撰寫「認識心之批判」，其目的是想以康德之思路來消融羅氏與維氏之成就。唯當時先生只了解知性之邏輯性格，而未了解知性之存有論的性格。故「認識心之批判」所做者，即是知性之邏輯性格的充分展現。此亦可說是順維氏之講套套邏輯而推進一步，以了解邏輯之本性，並對邏輯系統作重新之疏解。亦以此故，先生在「認識心之批判」出版三十年後而擬予以重印之時，特將維氏之「名理論」譯出以為導引。於此，正見先生學術心靈之緜穆不已，與哲學思理之圓密融貫。同時，這一步前後之呼應，亦表示先生在融攝康德之外，對另一系西哲思想（萊布尼茲與羅素邏輯分析一套）之吸納與消化。

。十月二十八日，返台繼續講學。主講「真美善之分別說與合一說」。

。是年冬臘，在台北度歲。

⊙民國七十七年（一九八八），戊辰，八十歲。

。二月二日，在台北「唐君毅先生逝世十周年紀念會」上講話，重申唐先生作為「文化意識宇宙中的巨人」之真實意義。又從明亡之後，「民族生命受挫折，文化生命受歪曲」，說到民國迄今，中華民族所以「花果飄零」之故，一路說來，言皆鞭辟入裡。至其剖析共黨毀壞文化意識傳統之嚴重性，更是句句動人心魄。

講詞又指出，台灣是中國希望之所寄，而中國之現代化，則是文化意識宇宙在發展中一步必然的要求。在台灣的中國人，必須豁醒文化意識，進而本於文化意識之要求以促進統一建國之大業。如果大家不能警惕於馬列共產主義與文化意識之矛盾衝突，不能認清作為文化意識宇宙的孔孟之道之重要，不能懷於時代之使命而放棄復國建國之擔當，則台灣將有為中共吞噬之虞。凡此，皆洞察透徹，語重心長。通觀先生之講詞，從始至終，皆是文化意識之貫注。先生並指出，唐先生一生的奮鬥，就是在強調這個文化意識，期望文化意識與民族生命一起皆條達順適，使這文化意識宇宙終能在中國土地上具體實現出來。如是，中華民族才有可能免於花果飄零。

。四月，先生將五十三年前出版之「從周易方面研究中國之玄學與道德哲學」一書之孤本，改名「周易的自然哲學與道德函義」，列為鵝湖學術叢刊，交由台北文津出版社重新排版印行。

。六月九日（夏曆四月二十五日），先生八十初度。連日來台北各報皆有訪問報導，而台視、中視、華視三電視台亦同時作訪問錄影播放。是日晚，門人設壽宴於「彭園」，席間中央大學余校長特致送榮譽講座聘書（係與明德基金會聯合聘請）。

○六月二十三日，梁漱溟氏逝於北平，享壽九十六歲。先生應中央日報記者之訪問，錄成「我所認識的梁漱溟先生」，發表於六月二十五日中央副刊。

○七月五日返港。

○同月，台北中華書局擬修訂「簡明大英百科全書」中文版之「牟宗三」條，由蔡仁厚執筆改寫（限八百字）。

○六至九月，「宋明儒學演講錄」（共九節，盧雪崑整理），分四次發表於鵝湖月刊一五六至一五九期。

○十月，發表「依通、別、圓教看佛教的中道義」（去歲在香港能仁書院研究所之演講錄）於鵝湖月刊一六○期。

○十一月二十一日，返台繼續講學。

○十二月四日，應邀在台灣師範大學主辦之「王陽明學術討論會」作主題演講，講詞（邱財貴整理）編入次年出版之會議論文集（鵝湖一七一期轉載）。

○十二月二十三日，回港。二十四日，在新亞研究所「唐君毅先生逝世十周年學術研討會」講話。二十五日，應邀在法住學會主辦之「唐君毅思想國際會議」開幕式作主題演講。講詞發表於次年五月鵝湖月刊一六七期。

⊙民國七十八年（一九八九），己巳，八十一歲。

。在香港，任教新亞研究所。

。一月，「五十自述」由鵝湖出版社印行。

書分六章：一、在混沌中成長；二、生命之離其自己的發展；三、直覺的解悟；四、架構的思辨；五、客觀的悲情；六、文殊問疾——分八節：1.孔子的指點，2.文殊問疾，3.「病至於死」，4.沉淪之途，5.內容真理之存在的體悟，6.悲情三昧，7.釋迦佛之存在的證悟，8.耶穌之「證所不證能，泯能而歸所」。全書一八八頁，約十二萬言。

先生自序有云：「此書為吾五十時之自述。當時意趣消沉，感觸良多，並以此感觸印證許多真理，故願記之以識不忘。此或可為一學思生命發展之一實例也。」五十以後，先生集中心力於古學之表述，與對康德之融攝消化，而陸續完成近十部之專著出版，故不復作生活之憶述。此書自序又云：學術生命之暢通，象徵文化生命之順適；文化生命之順適，象徵民族生命之健旺；民族生命之健旺，象徵民族魔難之化解。無施不報，無往不復，世事寧有偶發者乎？吾今忽忽不覺已八十矣。近三十年來之發展，即是此自述中實感之發皇。聖人云『學不厭，教不倦』，學思實感寧有已時耶？」

附識：年前某日，先生言及學問深淺，有云：聖人之學即是聖人之道，所謂「肫肫其仁，淵淵其淵，浩浩其天」。其深淵淵然，故不可測，難與知。大賢以下，其學之深淺，各有參差。而近前師友，熊先生未易言。唐先生大約水深三尺。我自己不敢自滿，亦無須故作謙虛，本分而言之，深可五尺。至若時賢之學，雖未便輕議，而大體以「三寸五寸水清淺」者為多也。

○三月起，鵝湖月刊一六五、一六六、一六七期，連載「牟宗三先生學行著述紀要」（蔡仁厚撰述），以祝賀先生八十整壽。

○四月中旬，返台繼續講學。

東方人文學術基金會（前年立案）購得住所一棟，意欲迎請先生返台定居。先生之意，宜先公而後私，要緊者是先成立「中國哲學研究中心」，諸友可暫以兼任研究員之名義，分頭進行研究。迨條件具備，再擴大規模，積極推進。

○五月四日，應中國文化大學哲學研究所之邀，作學術演講。

○五月二十一日，在台門人提前設宴於環亞大飯店川龍廳，為先生八十整壽祝嘏。席間，先生言曰：從大學讀書以來，六十年中只做一件事，即：「反省中國之文化生命，以重開中國哲學之途徑。」如今，研究中心所應做者，是依據文獻作客觀之疏解，而不是宣揚各自的學說主張。不問思想異同，只論學術是非。蓋滿清三百年，既已斷喪學術之統，而民國以來，又學風卑陋而浮囂，故須：

1.依據文獻以闢誤解、正曲說：

2.講明義理以立正見、顯正解；

3.暢通慧命以正方向、開坦途。

。五月起，鵝湖月刊一六七、一六八兩期，刊出「學思的圓成」（蔡仁厚撰述），分六節介述先生七十以後之學思與著作。

。五月末，回港。

。八月十五日應邀返台，出席中國文化大學哲學研究所主辦之國際哲學會議（以東西哲學比較為主題），發表主題演講，由旅澳學者姜允明教授即席英譯，講述之大意有五：

一曰：哲學之古義，當為愛智慧之實踐的智慧學。此古義保存於中國之儒道佛中，是即「教」這個字所代表之意義（中庸所謂「修道之謂教」、「自明誠謂之教」，佛教大小乘種種教法之教，皆屬此義）。而今日西方，則已失此古義。

二曰：「實踐的智慧學」之全體大用，可借用大乘起信論「一心開二門」之語來代表（真如門，相當於康德之智思界、物自身；生滅門，相當於感觸界、現象）。

三曰：「一心開二門」，西方傳統開生滅門開得好，中國傳統則真如門開得特別透闢而通達。

四曰：就現實層次而言，人是生活在生滅門中。中國生滅門開不好，欠缺客觀的理性主義之態度。譬如傳統中國未開出科學與民主政治，如今為了要科學民主，便主張拋棄傳統，全盤西化，此即「非理性」之態度。哈佛教授史華慈曾發一問：中國現代化為何要否定自己的傳統？面對此問，中國人豈不愧煞！凡對此類非理性之事，必以理性之態度消解之。

五曰：中西二大傳統之會通。中國儒道佛，皆承認「人」可有智的直覺，故「有而能無，無而能有」。西方則不承認人有智的直覺。依西方，人神相對。以人類學的觀點看人，人不能有真如門，無所謂轉識成智，人成為定性眾生，不容許一切眾生皆有佛性。依中國傳統，生滅門與真如門乃「有而能無，無而能有」者；依西方傳統，此二行乃「有者不能無，無者不能有」者。（先生自謂，此句乃將可傳世之名言。）人可轉識成智，乃「有而能無，無而能有」。若謂識只屬人，智只屬神，或認轉識成智為不可思議，則不能有而能無，無而能有。人只有識，不能轉之使成智，則是「有者不能無」也，意即只有識，不能轉之使無，而全成智也。上帝只有智，不能有識，故在上帝面前亦不能有現象與科學等也，此即「無者不能有」也。在人方面，就「識可轉」言，有而能無也。就「成智」言，無而能有也。在上帝方面，上帝只創造物自身，並無所謂現象，因而亦無所謂科學；人只有識，而無智，並無物自身之知識，此即無者不能有也。

欲講中西會通，以上五點是大綱領、大關鍵。

○八月二十七日，由門人李瑞全夫婦陪同回港。

○是年秋冬，先生在港陸續譯述「康德第三批判」。

○十月，「中國哲學研究中心」正式成立，禮聘先生為研究講座。鵝湖論壇發表「中國哲學研究中心之緣起及其基本旨趣」（蔡仁厚執筆）。先生函示：研究中心之研究工作，可邀聘各大學教授擔任兼任研究員，專任方面暫聘尤惠貞為助理研究員，一般事務則由基金會秘書邱財貴暫行兼辦。

◦十二月末，鵝湖論文研討會，以先生之哲學思想為主題，進行討論，並由蔡仁厚以「牟先生的思想及其對文化學術之貢獻」為題作專題報告（講詞發表於次年二月，鵝湖月刊一七六期）。提供論文及參與討論者，有戴璉璋、朱維煥、唐亦男、周群振、陳癸淼、王邦雄、曾昭旭、謝仲明、陳榮灼、袁保新、萬金川、朱建民、李瑞全、方穎嫻、楊祖漢、岑溢成、黃漢光、黃慶明、李正治、李明輝、蕭振邦、高柏園、鄭志明、林安梧、邱財貴、周博裕、顏國明、邱黃海、陳德和等五六十人。大陸學者劉笑敢亦來參加。

⊙民國七十九年（一九九〇），庚午，八十二歲。

◦在香港，任教新亞研究所。

◦繼續「康德第三批判」之譯述。

◦三月，「中西哲學之會通十四講」由台北學生書局出版，計二五二頁。

先生特撰短序，有云：此講辭是十年前在台大繼「中國哲學十九講」後而續講者。十九講早已出版，而此講辭則因當時諸研究生俱已出國深造，無人由錄音帶筆錄為文，遂成蹉跎。後由林清臣獨自擔任筆錄，聯貫整理，共十四講。

又云：清臣是台大老同學，原讀化工系，後學醫，專精腦神經科，現在日本研究老人科。彼一直副習哲學，從未間斷。三十年前，吾之「認識心之批判」由友聯出版時，唯清臣讀之甚精。後凡吾在台大、師大所講者，彼率皆由錄音聽習。彼之筆錄此十四講並非易事。平素若不熟練於西方哲學之思路與辭語，則甚難著筆從事。故其錄成文字，功莫大焉。

。四月二十九日，由港返台，公子元一偕來。

。五月十三日起，應東方人文基金會與鵝湖月刊社之敦請，在鵝湖文化講座主講「康德美學：第三批判」。

。同月，應社會大會與聯合報之聯合邀請，作公開演講，講題為「哲學之路——我的學思進程」，講詞（趙衛民整理）發表於聯合報副刊與鵝湖一七九期。

。六月初，以夫人身體不適，匆匆偕公子回港。而原定在東海大學哲學研究所主辦之「儒釋道與現代社會」學術研討會之主題演講，未能如約，特由香港致函該所所長蔡仁厚表示歉憾。

。九月，鵝湖一八三期，轉載先生講詞「九十年來中國人的思想活動」（趙衛民記錄，原刊聯合報九月九日副刊）。

。十一月，應行政院文建會之邀請，為「全國文化會議」提出書面講詞：「中國文化的發展與現代化」（發表於聯合報十一月八日副刊），略謂：文化必本於自由。孔子文質中之原則，既可以正視自由，亦可以正視文化。自由與文化都是理性的：自由既不蹈空，亦不流於放縱；而文化既非虛文，亦非矯飾。又謂：現實的中國文化之發展，由於某些成分之摻雜與歪曲，其「自由面」不能得其充分之發展，以使之健康而有力；而「文化面」亦不能盡其充實自由之理性文制的功能。此即今日所以要求現代化之故。

。十二月二十七日，先生返台參加第一屆「當代新儒學國際會議」，以名譽主席之身分為大會作主題演講，指出民國以來，三五前輩碩儒「有性情、有智慧、有志氣」，但「無學以實之」，故客觀之成就皆有不足處。先生順此而鄭重提示「客觀理解」之重要（學，即客觀理解之謂）。講詞全文由王財貴整理，以「客觀的了解與中國文化之再造」為題，發表於次年五月，鵝湖月刊一九一期。

。同月二十八日，聯合報副刊發表先生之「答問錄」（標題為「當代新儒家」，吳明訪問，夏棻整理。）

卷六　八十三歲至八十七歲

⊙民國八十年（一九九一），辛未，八十三歲。

。元旦，先生由台北回香港。

。五月，指導台大哲學研究所博士生林安梧論文「熊十力體用哲學之詮釋與重建」口試通過。（林君為台大哲研所第一位畢業之博士。）

。六月，指導師大國文研究所博士生莊耀郎論文「王弼玄學」口試通過。

。八月，主持新亞研究所學術研討會，主題為「宋明儒學與佛老」。在台門人周群振、唐亦男，以及林安梧、王財貴、林美惠等親赴出席，蔡仁厚則撰「從陽儒陰釋說起」一文，託人宣讀。另有尤惠貞、翟本瑞，亦趁回國之便，自美過港參加研討。

。九月，蔡仁厚所撰「高狂俊逸透闢深徹的大哲：牟宗三」一文，編入「當代中國思想家」（張永儁主編），由正中書局出版。

。是年，先生譯述「康德判斷力批判」（第三批判）全部完稿，將由學生書局出版。按、自康德之書問世以來，以一人之力，翻譯全套三大批判出版者，先生實為世界第一人。尤其以碩學耆年（先生譯述康德，始於望七之齡，竣事於八十以後），成此學術大事，更屬人類文化史上空前未有之佳話。

⊙民國八十一年（一九九二），壬申，八十四歲。

。在香港，任教新亞研究所。

。四月起，發表「以合目的性之原則為審美判斷力之超越原則之疑竇與商榷」一長文，於鵝湖月刊二〇二、二〇三、二〇四期。此文係譯述康德第三批判之後，依中國儒家之傳統智慧，再作真美善之分別說與合一說，以期達至最後之消融與諧一。此則已消化了康德，且已超越了康德，為康德所不及。

。五月十五日，先生返台。十九日赴台中，主持東海大學哲學研究所博士生尤惠貞之論文「天台宗性具圓教之義理根據及其開展之獨特模式」口試通過。

。同月二十日，應東海哲研所之請，主持「康德第三批判之思路與限制」座談會。二十一日，又以「真美善之分別說與合一說」為題，在東海茂榜廳作公開演講，中部各大學師生皆來聽講，不但座無虛席，後廊走道，亦為之塞。

。五月三十日起，連續四週在鵝湖講座，為「中國哲學研究中心」作學術專題演講，題旨為康德之第三批判。

。六月二十四日，自台北赴台中，偕袁保新、金貞姬同赴蔡仁厚夫婦之晚宴（徐復觀夫人王世高女士及其長公子武軍、長女公子均琴、外孫外孫女，皆與席）。次日，在東海大學「徐復觀學術思想國際研討會」（紀念徐先生逝世十周年）之開幕式上作主題演講。講詞由東海哲研所研究生饒祖耀整理，編入會議論文集，於同年十二月出版。

。同月二十八日，應國際佛學研究中心之請，作專題演講。

。七月初，回港。

。八月，發表「康德判斷力之批判」譯者之言，於鵝湖月刊二〇六期。

。是年，大陸學者鄭家棟選編「道德理想主義的重建：牟宗三新儒學論著輯要」，全書六百六十頁，列為「現代新儒學輯要叢書」第一輯，由北京市中國廣播電視出版社印行。

。十月，濟南山東大學主辦「牟宗三與新儒家學術思想研討會」，先生早期弟子傅成綸應邀出席。會中某教授說及新儒家有三點貢獻：一是繼承中國傳統文化的方向（這個傳統，在大陸上已成死螃蟹，被紮死了）；二是權衡傳統文化之得失，並思考如何現代化；三是提出如何建立一個中西文化結合的模型。這位教授也提到，新儒家的缺點，是經世致用的比例不夠。（按、一般論及新儒家，皆提此意。其實這不能單靠新儒家，尤其不能只靠屈指可數的新儒家學者。所謂經世致用，其實就是現代化的問題，科學民主的問題。這個問題是大家的問題，是全民族的問題，是歷史運會的問題。當代新儒家能從哲學上疏導出一條通路，袪除思想觀念上的糾結與困惑，便已盡到本分的貢獻了。）

。十月「康德判斷力之批判」上冊，由台北學生書局出版，計四百三十頁。

。鵝湖月刊二一〇期，發表先生「學思、譯著」訪談錄（樊克偉整理）。

。十二月中旬返台，十九日出席第二屆「新儒學國際會議」作主題演講，題目為「中國文化發展中的大綜和與中西傳統的融會」（講詞發表於二十日、二十一日聯合報副刊)。

先生言及，抗戰初起時，哲學界具有邏輯天才與哲學天才的沈有鼎，先後說了二句話。第一句是七七事變前在南京開中國哲學會，沈有鼎提了一篇論文，他說中國文化在先秦儒家是孔孟，後來是宋明理學家，今後中國歷史的運會是一個大綜和時期。這個大綜和時期一定是繼承宋明儒，從宋明儒偏枯的一面再往前推進一步，以適應現時代。第二句是傅成綸轉述的。因為山東大學開「牟宗三與新儒家」會議結束時，有一位女副教授問了一句話，他問這次大會為什麼沒有人提馬列主義？傅成綸順這句話而想起抗戰初期沈有鼎在昆明寫了一篇文章，他說：「將來支配中國命運的，不是延安的徹底的唯物論，就是此間的徹底的唯心論。」所謂「此間」，是泛指廣義的自由世界，若照中國當時說，便指國民黨統治的世界。先生看了傅君信中轉述的話，大有感觸。一方面覺得沈有鼎真是天才，這二句話都是對應時代的中肯之言(雖然沈氏並不能從學問上知其實)；一方面回思自己的學思歷程，正是一步步契入文化生命的命脈，而完成了一個大的綜和系統。

㈠從先秦一路講下來，先生寫了「歷史哲學」、「政道與治道」，寫了「才性與玄理」、「佛性與般若」、「心體與性體」，通過長期的工作，寫出這幾部書，契入中華民族文化生命脈的內部，然後把這個生命表現出來，這樣才能往外開。所謂往外開，開什麼東西呢？當年黃梨洲、王船山，要求從內聖開外王。到現代，我們更要和西方文化傳統相結合，要求一個大綜和。

㈡我們是根據自己的文化生命命脈來一個大綜和，是要跟西方希臘傳統所開出的科學、哲學，以及西方由於各種因緣而開出的民主政治，來一個大結合。（不是跟基督教大綜和。跟基督教沒有綜和的問題，那是判教的問題。）先把自己民族文化生命的命脈弄清楚，然後了解西方的傳統，從希臘的科學、哲學傳統，一直到現在的自由、民主政治，這不就是一個大綜和嗎？

㈢這個大綜和不是一個大雜燴，不是一個大拼盤，它是一個有機的組織。所以，大綜和要從哲學上講，它就是一個哲學系統，這個哲學系統就是沈有鼎所說的「徹底的唯心論」。如今，應劫而生的徹底的唯物論，已經過去了，徹底失敗了。那麼，現時代應運而生的就是徹底的唯心論。這個徹底的唯心論是一個大系統。是個什麼樣的大系統呢？外在地講，就是中西兩個文化系統的綜和。內在於這個義理系統的內部看，就是沈有鼎那句話：「徹底的唯心論。」

㈣何謂「徹底的唯心論」？西方哲學裡面沒有唯心論，只有Idealism，無論柏拉圖的理型論，康德的超越的理念論，柏克萊的主觀的覺象論，都不是唯心論。西方使用Idea，都是作對象看，對象跟心有關係，跟認知心有關係，但它本身卻不是心。所以，假定要說徹底的唯心論，只有中國才有。中國有唯心論，沒有Idealism。中國人所說的心，不是Idea。孟子所說的良知良能是心，四端之心是心。陸象山說「宇宙便是吾心，吾心即是宇宙」，是宇宙心，其根據在孟子。王陽明講良知，還是心。佛教講如來藏自性清淨心，也是心，不是Idea。阿賴耶是識心，也是心，不是Idea。所以，只有中國才有真正的唯心哲學。大綜和代表的那個大的哲學系統，內部地講，就是中國的唯心論系統；外部地講，就是中西兩大文化系統結合。

㈤以哲學系統講，最好用康德做橋梁。吸收西方文化以重鑄中國哲學，把中國義理撐起來，康德是最好的媒介。康德的架構開兩個世界：現象界(PHENOMENA)和本體界(NOMENA)。套在佛教的名詞上說，就是「一心開二門」。西方康德生滅門開得好，但真如門開不出來。所以，一心開二門要根據中國的傳統。我們根據中國的智慧方向消化康德，把康德所說的超越的理念論與經驗的實在論那個形態，轉成兩層存有論：「執的存有論」和「無執的存有論」。前者是識心，後者就是智心，這就是徹底的唯心論。徹底的唯心論就從「無執的存有論」透出來，這在西方是透不出來的。由無執的存有論透出的徹底的唯心論，亦稱徹底的實在論。因為智心與物如同時呈現(智如不二)，智心是絕對的心，物如是絕對的實在；故同時是徹底的唯心論，同時亦即是徹底的實在論。(王陽明說明覺之感應為物，物是無物之物，亦同此解。此種精微之玄理，若不深入其裡，那能得知！)

㈥最後，先生指出，科學、自由民主乃是理性上的事，是人類理性中所共同固有的。既然是人類理性上的事，怎麼能單屬於西方呢?這不是「西化」的問題。同時，我要說，科學和自由民主不是哲學家一個人的事情，這是大家的事情。大家肯定科學，肯定自由民主，自然就可以一步步開發出來。這個「大家」，台灣、大陸，都在內。大陸、台灣都走科學和自由民主的道路，我們不就可以自由講學了嗎?所以，我說：新儒家要在自由民主政治的保障之下，在學術自由的開放社會之中，擔當歷史運會中的那個大綜和的必然性。

。十二月二十二日，先生作身體檢查，發現心臟有擴大現象，心跳不規律，肺部亦發炎，乃於二十三日往中華醫院診治，並由台北門人與青年學子輪班照護，二十四日漸趨穩定，二十六日轉台大醫院繼續療養。

⊙民國八十二年（一九九三），癸酉，八十五歲。

。在台北。

。一月六日，香港星島日報、名人天下版，刊出「新儒學第二代：碩果僅存——牟宗三」之訪問錄，所附先生之彩色照片三幀，皆極好，甚能顯示先生清穆貞定之氣象。

。一月十一日下午，先生在台大醫院15C第10號病房會客室閒坐，漫言近日諸學生輪班看護事而引發感懷，王財貴記錄如下：

先生曰：「侍師亦不簡單，既要有誠意，又不能太矜持。當年我服侍熊先生……那時沒有一個人能服侍他，只有我……他脾氣那麼大，許多學生都怕他，唐（君毅）先生也不敢親近他……其實，我並不聰明伶俐，也不會討巧……」遂哽咽不能言。久之，又云：「熊先生一輩子就想找一個人能傳他的道，我的聰明智慧都不及他甚多，但他知道自己有見識而學力不及。我所知雖只一點點，但要到我這程度也不容易，其他的人更差多了。熊先生知道我可以為他傳……」又哽咽，悲泣，掩面歎息，久之方止。

又云：「學問總須用功。既要了解中國，又要了解西洋。要靜下心來，一個一個問題去了解。不要討便宜，不要出花樣，不要慌忙。現在誰肯下工夫呢？」復泣下。適李中秋（師大早期學生）送湯麵來，見狀，乃頻頻催請老師吃麵，蓋不欲先生屢屢觸情生悲也。（附記：每日晚上陪侍先生者為樊克偉，日間由胡以嫻、金貞姬與王財貴、楊祖漢等輪流看護，其餘則不定時來陪侍或探視，不備錄。）

○先生在台大住院期門，每日仍翻閱三份報紙，對國事備極關切。且在病榻執筆，條列對近日政局之疑慮。政府大員來探訪時，先生出示二句云：「福至心靈，則大智若愚；福至而心不靈，則大愚若智。」為國者，試一參之。

○一月，「康德判斷力之批判」下冊，由學生書局出版，計二百五十一頁。

此書上冊為第一部「美學判斷力之批判」：分為二分，第一分、美學判斷力之分析（第一卷、美學之分析，第二卷、崇高之分析）；第二分、美學判斷力之辯證。

下冊為第二部「目的論的判斷力之批判」：分為二分，第一分、目的論的判斷力之分析；第二分、目的論的判斷力之辯證。附錄、目的論的判斷力之方法學。

先生此譯，係據Meredитn之英譯而譯成。英文有三種譯本，皆有好處，亦皆有誤處或不諦當處。凡遇難通處，先生必三譯對勘，並對質德文原文。經過多次之修改順通，故每句皆可明暢誦讀，雖絡索複雜，然意指總可表達。先生自謂，譯前兩批判時，未曾費多次修改工夫，故於譯文，以此譯為較佳。唯先生又念，縱使譯文明暢可讀，亦不易解，故又就審美判斷之超越的原則，即「合目的性之原則」，作一詳細之疏導與商榷，是即上冊卷首之「商榷」長文。文之後段，提出真美善之分別說、合一說，以及分別說的真美善與合一說的真美善之關係，而加以疏導融通。是即先生消化康德而超越康德處。）其他相關之意，可參閱上下冊「譯者之語」。

。一月二十二日（農曆除夕），先生就新譯「康德：判斷力之批判」作題詞云：「此書之譯，功不在玄奘羅什之譯唯識與智度之下，超凡入聖，豈可量哉，豈可量哉！然真正仲尼臨終不免歎口氣，人又豈可妄哉，豈可妄哉！諸同學共勉。牟宗三自題。」

。一日份鵝湖二一一期，發表「牟宗三先生學行著述紀要」（續），及「牟宗三先生著作出版年次表」（蔡仁厚撰述）。

。二月份香港信報月刊，發表劉述先所撰「當代新儒家碩果僅存的大師」一文，以介紹先生在學術上之貢獻，所附照片多幀，亦甚好。

。三月一日，先生出院，返永和家宅療養，每週仍到台大醫院診斷取藥。由於醫療調養得宜，近月之間，體質氣色大為好轉，並可上下樓梯，沿街散步。

。同月二十五日，林清臣醫師自日本返台探望先生，盤桓一週後返日。

。四月中旬，孫女鴻貞自大陸深圳來台侍奉照顧，其孿生妹鴻卿則已先於元月由港來台，至此期限（三個月）屆滿而回轉香港。

。六月十日，先生應邀至第二屆國際東西哲學比較研討會（中國文化大學主辦）作主題演講，題目為「超越的分解與辯證的綜和」（講詞刊於「東西哲學比較論文集」第二集，中國文化大學哲學研究所印行）。

。六月十二日（夏曆四月二十五日），為先生八旬晉五哲誕，適逢第三屆東西哲學比較研討會閉幕晚宴，主事者請求與祝壽宴合併舉行，賓朋滿座，人人盡歡。

。先生自去冬來台，已近一年，對新亞研究所諸同學之學業，時切繫念，乃於十月二十日由學生陪護回港（遵醫囑，時間以兩月為限）。先生在港，仍每週二次為諸生講授，至十二月十七日，由門人李瑞全陪送返台。

。十二月，中央日報長河版將陸續刊出「牟宗三語錄」，特先發表語錄摘抄人王財貴之「說法第一的哲學大師：我所知道的牟宗三」一文，分兩日刊出。

。十二月，大陸學者黃克劍主編之「當代新儒學八大家集」，由北京群言出版社印行。共分八冊，其第七冊為「牟宗三集」，計六二二頁。（其餘七家為：梁漱溟、熊十力、張君勱、馮友蘭、方東美、唐君毅、徐復觀。）

。又聞上海社科院陳克艱編有「牟宗三選集」出版。

⊙民國八十三年（一九九四），甲戌，八十六歲。

。在台北。

。三月六日起，先生以東方人文學術研究基金會、中國哲學研究中心講座教授之身分，假鵝湖文化講堂，主持每週一次之學術講座，主講哲學基本問題。

。四月二十二日，回港，與新亞研究所研究生作談話式之講學，亦實即先生告別新亞之講課也。六月，正式辭謝新亞研究所導師之聘，於十九日返台。

。鵝湖文化講堂之哲學講座，持續進行。
。九月，發表「四因說演講錄」之㈠，於鵝湖月刊二三一期。此乃先生於民國八十年在香港新亞研究所之授課講錄。由盧雪崑整理成稿，再由楊祖漢作文字校訂。此講錄主要是從亞里斯多德之「四因說」，以對顯出儒釋道三家哲學之要義與精采。此亦先生針對中西哲學之會通，再一次提出深刻之思考。
。十月至十二月，「四因說演講錄」之㈡㈢㈣，繼續發表於鵝湖月刊。
。十二月十四日，先生道躬違和（體氣衰弱，全身無力），住入台大醫院療養。二十二日林清臣醫師自日本返台探視，確認先生之身體器官尚屬正常，唯營養須特為改善，以增強體力。
。同月二十五日午飯之後，先生在醫院病室索紙筆寫示蔡仁厚、王邦雄云：（金貞姬、霍晉明亦一同聽受）

你們這一代都有成，我很高興。

我一生無少年運，無青年運，無中年運，只有一點老年運。無中年運，不能飛黃騰達，事業成功。教一輩子書，不能買一安身地。只寫了一些書，卻是有成，古今無兩。

現在又得了這種老病，無辦法。人總是要老的，一點力氣也無有。

你們必須努力，把中外學術主流講明，融和起來。我作的融和，康德尚作不到。

謹按：先生自謂一生著作，古今無兩。此話如理如實。不知別人信不信，我是信的。所以願意略作說明，以為註腳：

(1)對「儒、道、佛」三教之義理系統，分別以專書作通盤之表述者，先生是古今第一人。（以「心體與性體」四大冊講儒家，以「才性與玄理」講道家，以「佛性與般若」上下冊講佛教。）

(2)先生所著新外王三書（歷史哲學、道德的理想主義、政道與治道），是真能貫徹晚明顧、黃、王三大儒之心願遺志，而開出外王事功之新途徑者。自古迄今，亦不作第二人想。

(3)以一人之力，全譯「康德三大批判」，先生乃二百年來世界第一人。其所加之譯註，尤其慧識宏通。而又履及劍及，隨譯隨消化：以「現象與物自身」消化第一批判，以「圓善論」消化第二批判，以「真美善之分別說與合一說」消化第三批判，此亦古今譯書者所未能也。

(4)先生對中西哲學會通之道路，亦達到前所未有之精透，並持續從事基本之講論與疏導。（見「中西哲學之會通十四講」及「四因說演講錄」。）

(5)對中國哲學所涵蘊之問題，進行全面而通貫之抉發與討論（見「中國哲學十九講」），使中國哲學得以真正進入世界哲學之林。此項工作，亦未見其匹。

(6)先生於北大畢業之前，寫成周易哲學書稿，至八十五歲而出版漢譯康德第三批判下冊，正式著述之歲月逾一甲子，此亦古今稀有者也。

至於最後提到自己所作的會通融和，康德尚作不到。這也是老實話，並非要和康德爭高低。康德的智思，高矣強矣。但為西方傳統所限，缺少從事文化融和之憑藉。而先生則有東方智慧傳統（儒、道、佛）作為憑藉，所以既能讚賞康德之不凡，又能看出康德之不足。而康德之不足，實即西方哲學之不足（傳統的限制）。所以必須與東方文化相摩相盪，相資相益，方能百尺竿頭，更進一步。

◦十二月二十七日，第三屆當代新儒學國際會議在香港中文大學召開。先生為大會名譽會長，因病未克出席，大會特致電台北，祝福早日康復。

◦同月二十八日，夫人趙惠元女士自港返台。

⊙民國八十四年（一九九五），乙亥，八十七歲。

◦在台北。

◦一月七日，先生出院，返回家宅療養。

◦二月，台北學生書局出版山東大學哲學系副主任顏炳罡所著「整合與重鑄：當代大儒牟宗三先生思想研究」，為近年來大陸學者研究當代新儒家哲學思想最佳之作。

◦同月，天津南開大學出版「現代新儒家人物與著作」（方克立、鄭家棟主編），以人物小傳與主要著作二目，分別介述下列十六位學者：梁漱溟、張君勱、熊十力、馬一浮、馮友蘭、賀麟、錢穆、方東美、唐君毅、牟宗三、徐復觀、杜維明、劉述先、蔡仁厚、成中英、余英時等。其中介紹先生之部分，由顏炳罡執筆。

。三月十三日，先生再度住入台大醫院，十六日上午，以呼吸困難，移住加護病房緊急療治。各地門人，絡繹前來探視。十七日，情況稍好，但十八日副院長陳榮基醫師診斷之後，認為病況有漸次下降之勢。二十四日，公子元一自港來台探視。二十九日，門人等勘定新店竹林路長樂景觀墓園，預作安排。

。四月五日，醫師為家屬門人作簡報，略謂：先生原先只是肺部感染，但因高齡，身體虛弱，乃先後引發腎、肝、消化系統諸併發症，除心臟維持常態外，其他器官皆甚衰弱。如果洗腎、輸血一旦反常，便有危險。

。四月九日，病況益發不佳。延至十二日下午三時四十分，終於回天乏術。一代大哲，與世長辭，享壽八十七歲。

大雅云亡　邦國殄瘁　哲儒謝世　中外同悼
一生著作　古今無兩　神靈安安　天地悠悠

乙、學思歷程

第一階段：直覺的解悟

一、預科兩年：引發了直覺的解悟

二、讀「易」

三、化腐朽爲神奇：周易哲學的撰著

四、以美感與直覺契接了懷悌海

第二階段：架構的思辨

一、對邏輯發生了興趣

二、對「數學原理」的了解與扭轉

三、純理自己之展現：寫成「邏輯典範」與「理則學」

四、由「架構思辨」敲開「認識主體」之門

五、對「純理批判」之了解與修正

六、完成「認識心之批判」

第三階段：客觀的悲情與具體的解悟

一、熊先生的熏炙：生命之源的開啟

二、情感時期：客觀悲情之昂揚
三、「道德的理想主義」：由大的情感轉爲大的理解
四、「歷史哲學」：建立華族歷史的精神發展觀
五、主觀的悲情：存在的感受與證悟
六、「政道與治道」：開出外王事功的新途徑

第四階段：舊學商量加邃密

一、徹法源底：心性之學的重新疏導
二、「才性與玄理」：魏晉玄學系統的展現
三、「心體與性體」：宋明儒學的疏導與分系
四、「從陸象山到劉蕺山」：陸王系之發展與蕺山之結穴

第五階段：新知培養轉深沉

一、「佛性與般若」：詮表南北朝隋唐之佛學
二、「智的直覺與中國哲學」：疏導基本存有論的建立問題
三、「現象與物自身」：判教與融通、哲學原型之朗現
四、補記：「譯述」「譯註」與「講錄」

第六階段：學思的圓成

一、康德批判書之譯註：通中西文化之郵的最佳橋梁
甲、「康德純粹理性之批判」：展現「哲學名理」知識層之實

乙、「康德的道德哲學」：會歸「教下名理」實踐層之實
丙、「康德判斷力之批判」：真美善之分別說與合一說
二、維氏「名理論」之中譯，以及重印「認識心之批判」：另一系西哲思想之吸納與消化
三、「中國哲學十九講」：中國哲學之簡述及其所涵蘊之問題
四、「中西哲學之會通十四講」：哲學心靈的比對與融通
五、「圓善論」：哲學系統之究極完成
六、附記與補述：
甲、「時代與感受」：感通無隔的怵惕惻隱之心
乙、「周易的自然哲學與道德函義」：第一部著作之重印
丙、補述：「名家與荀子」、「從陸象山到劉蕺山」

本文分六個階段（大學時期、四十以前、四十以後、五十以後、六十以後、七十以後）敍述先生的「學思歷程」與「著作」。唯此所謂階段，乃依於先生某一時期學思之著重點，而作一概略之劃分。實則，前一階段之問題，常延續於後一階段；後一階段之思想，亦常引發蘊蓄於前一階段。故仍當通貫前後，乃能得其問題之線索、思想之脈絡，與系統之開展。

第一階段：直覺的解悟

一、預科兩年：引發了直覺的解悟

先生考入北京大學預科時，即已決定讀哲學。第一年，經歷了一個思想觀念氾濫浪漫的階段，但這順青年生命之膨脹而直接向外撲、所顯示的強度的直覺力，很快地便收攝回來而凝聚了。原始的生命沉下去，而靈覺馬上浮現上來，由生命直接向外撲，轉為靈覺直接向外照，此即所謂「直覺的解悟」。

預科二年級，先生因讀「朱子語類」引發了想像式的直覺的解悟，而達到一種超越的超曠。此時，對於抽象玄遠的義理，具有很強的慧解。而西方正在流行的觀念系統，如柏格森的創化論、杜里舒的生機哲學、杜威的實用主義、達爾文的進化論，這些皆引起先生之注意。因為它們的觀念系統之成套，以及其成套的角度，頗能引發並助長先生想像的興會；但它們的內容，卻非先生之所喜。

二、讀「易」

升入哲學系以後，先生接上了羅素哲學、數理邏輯、新實在論等。但這些只是聽講，還不能對它們作獨立的思考。而在自己進修方面，則集中在易經和懷悌海的哲學，這是在課程之外，從自己生命深處所獨闢的領域。大易「顯諸仁，藏諸用」，當然要就天地萬物普遍地指點仁體。但偏就宇宙論地指點仁體，較易於彰顯「智的慧照」一面。先生之愛好易經，亦正是以智的慧照與它照面，而表現了想像式的直覺的解悟。在當時，只是喜悅那「鼓萬物而不與聖人同憂」的坦然明白，與「天地無心而成化」的自然灑脫；而還不能感知「聖人有憂患」的嚴肅義，與「吉凶與民同患」的悱惻心。那是因為青年涉世未深，於人生之艱難尚無感受，所以只是美感的欣趣與智及的覺照。

先生讀易經，是大規模的。先弄熟漢人所講的卦例，如互體、半象之類，進而整理漢易，如京氏易、孟氏易、虞氏易等。每家提要鈎玄，由其象數途徑而整理其宇宙論方面的靈感與間架，提煉出許多有意義的宇宙論之概念。漢易整理完畢，進而講晉易、宋易。由於當時對魏晉玄理與生活情調智解不深，對宋明儒心性之學亦未深知，所以於晉易只略論王弼的「周易例略」，於宋易部分只略論朱子之言陰陽太極與理氣；這兩個階段的易學，不是當時注重的重心所在。接下來是清人的易學。先生特著重於兩人：一是康熙年間的胡煦，他的著作是「周易函書」。一是乾嘉年間的焦循，他的著作是易學三書（易圖略、易通釋、易章句）。

胡煦與焦循，皆可以說是易學專家，皆以象數為出發點（但非漢人的象數）。胡煦以體卦說注解經文，極為恰當，不見斧鑿之痕。他發明體卦說，對於自然生成之理，有很高的悟解。對於「初、上、九、六、二、三、四、五」八字命爻之義的解釋，既精確，又諦當，為古所未有。由此而引申出「時位、生成、終始、內外、往來」等宇宙論的概念，而以河圖洛書的圖象、總表生成之理，故先生名其學為「生成哲學」。內生外成，是一宇宙論的發展概念，亦即中庸所謂位育、化育；與「乾知大始，坤作成物」以及「元亨利貞」的終始過程，亦不相背。胡煦是方法學地由象以悟客觀的生成之理與數學之序，能穿過象而直悟天地生化之妙，而知象皆是主觀的方便假立，故曰「圖非實有是圖，象非實有是象，皆自然生化之妙也」。但先生以為胡煦畢竟只是一學人專家，對於伏羲孔子那原始的光輝、光彩、潤澤、嘉祥、清潔、晶瑩，大聖人混沌中之靈光爆破（伏羲），道德心性與悱惻悲憫之懷（孔子），皆無真切之感；而只表現一點清涼平庸的美之欣趣與智的悟解，而不免有術人智士之小家相。

至於焦循的易學三書，(1)「易圖略」是就易經本文勾稽出五個關於卦象關係的通例；(2)「易通釋」是根據圖略以表通例之應用，亦引發出許多極有意義的概念；(3)「易章句」則是根據圖略以注解全經。但須先讀易通釋，纔能讀懂易章句。先生以為，焦循的精思巧構，可謂一等之才，但不免於鑿與隔，而且成了一整套之機栝的大鑿，一整個之虛構的大隔，故不如胡煦之尚能直湊真實。只因根本不能契入道德心性，故無法上企高明。他畢竟只是一巧慧學人，若生在西方，他定然是一有成就的科學家；如今他的巧慧不能有當行之用，而竟向大聖人生命靈感所在的經典施其穿鑿，既耗費精神，又糟蹋了大易，真可痛惜。

三、化腐朽爲神奇：周易哲學的撰著

先生讀易，隨讀隨抄，隨抄隨案，遂成條理。在大學畢業之前，便完成了「從周易方面研究中國的玄學與道德哲學」一書。林宰平先生看了，大為贊賞，沈有鼎先生則說是「化腐巧為神奇」。此書於二年後（民國二十四年）在天津出版。全書分為五部：

第一部：漢易之整理

第二部：晉宋易

第三部：胡煦的生成哲學

第四部：焦循的易學

第五部：律曆數之綜和

其中第五部，是想由易經本身所具有的客觀的數學之序，以及焦循解大衍章引用古算以明「制曆明時」，向律曆數之形上學的（宇宙論的）統一方面發展。先生於此確然見到中國文化之慧命，除堯舜禹湯文武周公孔子、歷聖相承的「仁教」之外，還有羲和之官的「智學」傳統，而古之天文律曆數，賅而存焉。（按：羲氏、和氏，堯帝之臣，主曆象授時之官。）天文律曆數在易學象數的牽連中，亦可見出其較為有意義的形上學上的規模。中國古賢原始生命之智光所及的光輝，對於數學之形而上的（宇宙論的）意義，以及體性學的特性之認識與欣趣，並不亞於畢塔哥拉斯與柏拉圖。這裡所顯示的是數學的超越意義。（懷悌海即就此古典的觀點看數學，這是西方傳統的看法，直到笛卡兒還是如此。把數學看成是純形式主義的套套邏輯，乃是最近代的事。）可惜在中國方面，對於數學之內在的構造，並沒有進到「學」的地步，當然亦說不上有近代化的發展。先生當時的興趣，只在了解「羲和傳統」的超越方面的意義，至於對古天文律曆數之內部的整理，則自覺學力有所不逮，而寄望於繼起者能以其智之所照，發羲和之幽光。

四、以美感與直覺契接了懷悌海

先生自謂，在大學時期之所以能有宇宙論的興趣，能就易經而彰顯羲和之傳統，應該歸功於懷悌海。那時，正是懷氏抒發其宇宙論的玄理之時，著作絡續而出。早出的「自然知識之原則」與「自然之概念」二書，精鍊簡要，是其觀念之發端；一九二五年出版的「科學與近世」，是其思想由蘊蓄而發皇之時，接著一九二九年又出版「歷程與真實」，這是他宇宙論系統之大成。對於這部莊嚴美麗的偉構，先生讀之而歎，愛不釋手。由於西方有畢塔哥拉斯與柏拉圖的傳統，有近代物理學數學邏輯之發展，因而有懷悌海植根深厚的玄思。

懷氏美感欣趣強，直覺解悟亦強。直覺的、美感的，都是直說而中。表之於言辭，是描述的；而「為何、如何」的邏輯技巧、嚴格思辨，則不甚顯。他的書有描述的舖排，有數學的呈列，而不見邏輯思辨之工巧。（邏輯思辨的工巧，萊布尼茲能之，康德能之，羅素能之，而懷氏則不在此見精采。）他唯一言之而辯的，是知覺之兩式（直接呈現式與因應效應式）；而這亦靠他具體的直感而穿入，衝破了傳統哲學之抽象的、形式的、非具體的（亦可說是非存在的）之積習，故能造道（宇宙論的）而入微。在此，表現了懷氏的美之欣趣與直覺的能力。而先生讀懷氏書，亦正是以美之欣趣與直覺的解悟與他相遇，故能隨讀隨消化，隨消化隨引發，而想像豐富，義解斐然。但先生當時亦只是直感而解，而不甚能確知它何以必如此？亦不能自覺地認定在理上（或究竟上）何以必歸於懷氏之途徑？雖亦訓練一些傳統哲學「為何、如何」的疑問，但對西方哲學所開啟的問題，那時還不能有獨立運思之解答。對於懷氏之所說，心中已有所不能安，但又無從確知其不足處到底何在？於是心中起了惶惑，而逼迫自己要從美的欣趣與想像式的直覺解悟，再作進一步之凝斂，以轉入「為何、如何」之工巧的思辨、邏輯的架構之思辨。

另一方面，先生雖在美感與直覺上與懷氏的靈魂相契接，但自己內在的靈魂究竟與他有不同。懷氏的美感是數學的，直覺是物理的。他是一個數學物理的靈魂，他的美感與直覺幾乎完全內在於這一面，為這一面所佔有、所浸透。他不能正視生命，而把生命轉成一個外在的「自然之流轉」，轉成緣起事之過程。懷氏雖亦講創造、講動力、講潛能，但仍然轉成外在的、物理的、泛宇宙論的。他把生命外在化，把認識主體外在化；至於道德宗教的心靈主體，則根本不能接得上。而先生所由以冒出美感與直覺的根源，是那原始混沌生命之強度；而所冒出來的美感與直覺，則以「企向混沌」，「落寞而不落寞」的超越滲透力為主。所以雖然在美感與強度的直覺力上與懷氏照了面，但由於冒出美感與直覺的根源不同，因此與懷氏分了家。照先生事後的回想，即使當初欣賞懷悌海那外延的形式的數學秩序、宇宙論的舖排，亦仍然是生命膨脹直接向外撲、經收攝凝聚之後，而又被拖帶出來的一步外在化。由於美感與直覺是生命的，因此很容易正視生命、回向生命，而使生命這個概念凸顯出來。又由於不自覺地是生命用事（用生命），用久了，總會觸動心靈而回頭正視它。先生由外在化再提升起來而向內轉的契機，便是在如此的情形下而開啟的。

此後，先生的學思工夫，便形成雙線並行的歷程。(1)從美的欣趣、想像式的直覺解悟，轉入「為何、如何」之「架構的思辨」。(2)是從外在化提升起來，而向內轉以正視生命。

第二階段：架構的思辨

一、對邏輯發生了興趣

先生對邏輯發生興趣，是由於講唯物辯證法的人對形式邏輯之大肆攻擊，尤其是集中在思想律上來攻擊。在此，必須先把當時社會一般思想的情勢，略為一說。

北伐成功之後，共黨在政治上失敗了，但卻在思想宣傳上採取了攻勢。他們挑起了思想問題，吸引了知識分子。由於從思想上作宣傳，便不能不牽涉到學術。但他們卻不是客觀地從哲學上或其他學術上入，而是從特定的馬克思主義入，而且是攜帶著階級鬥爭的意識，造成壓人的聲勢。所謂牽連到學術：(1)從唯物論，他們要攻擊哲學大流的唯心論（理性主義、理想主義）。(2)從唯物辯證法，他們一方面要攻擊黑格爾的唯心辯證法，一方面又要攻擊形式邏輯。(3)從唯物史觀，他們要攻擊「精神表現、價值表現」的歷史觀，以建立他們歷史的經濟決定論，與經濟決定的階級鬥爭之歷史觀。(4)進一步，他們要講社會主義的文學論、藝術論，所以，凡是主張在人生價值與美學價值上有獨立而永恆意義的文學論、藝術論，他們一概加以反對。(5)他們又以階級的劃分，將科學（不只是科學家）亦分為資產階級的科學與無產階級的科學；而認為相對論、量子論是資產階級的、唯心論的，因而亦攻擊相對論者、量子論者對於物質的解析。(6)他們又以階級為標準，衡破國家的真實性與真理性，而認為國家是有階級對立之後纔出現的，而且是階級壓迫的工具。⑺最後，他們不承認人類有普遍的人性，認為只有階級的私利性，這是根本罪惡之所在。——以上這一切學術上的牽連，都是言偽而辯的。那時，先生正就讀於大學，對於這些雖未能全通透，但覺得他們所說總有不對。若照他們的說法，天地間便不可能有客觀的、普遍的真理，一切都只是階級的立場與偏見，都是隨著經濟結構與社會形態的改變而改變。這是一個很深的刺激，在一個純潔無私的青年心靈上是絕難接受的。在此，只須直下以真理是非為標準，直接面對各門學術看真理之是非，一步不對，便一步通不過，通不過便不能贊成它。

首先進入先生意識中的，是他們對思想律的攻擊。他們就事物之變動與關聯而說話，事物之變動與關聯，是事實，他們說的似乎很有理。但思想律本身亦很有理，因為事物儘管有變動與關聯，而人的思想言論必須自身同一，不能有矛盾，亦是天經地義的。然則，兩方面都有理，這是什麼意思呢？這是一個困惑。但這個困惑很快便想通了。先生首先劃開了「思想律」與他們所說的「事物之關聯與變動」這兩個領域之不同，而反顯了邏輯之不可反駁性。（縱然你主張唯物辯證法，亦必須自身同一地主張、不矛盾地主張，然則你反對思想律，有何意義？）這是會獨立用思的第一步。在此，開啟了「為何、如何」的思辨，引發了先生邏輯的興趣。（大學畢業之次年，先生曾撰寫「邏輯與辯證邏輯」、「辯證唯物論的制限」、「唯物史觀與經濟結構」三文，由張東蓀先生編入「唯物辯證法論戰」一書。）

二、對「數學原理」的了解與扭轉

學習邏輯，必須有抽象的思想，由抽象的思想來把握一個懸掛的「存有領域」（邏輯的、數學的存有）。這一步抽象、懸掛，是把握西方希臘學術傳統的一個重要關鍵。這一關打不通，便無法學會抽象的思考方式，無法接上西方的學術。

先生直接從羅素與懷悌海合著的「數學原理」入手。先讀第一卷的第一部：數理邏輯。這是有名的「真值涵蘊系統」之所在，是一個典型的正宗系統。先生一方面抄寫演算，一方面體會它的意義：

⑴關於純形式方面無問題的意義：必須把那些推演式子反覆弄熟。縱的是形式推演，橫的是真理圖表。真理圖表的展示法，由維特根什坦開其端，北大教授張申府先生再予以相當的展開，而先生又繼予以充分的展開（見於先生所著「邏輯典範」一書）。

⑵定義與基本假定方面有問題的意義：「數學原理」雖是由直線的形式推演在貫穿著，但同時亦具有一串定義與基本假定在關鍵著。其中第一個成問題的定義，便是關於「涵蘊」的定義。路易士另造「嚴格涵蘊系統」，並對羅素的「真值涵蘊」提出了批評。在當時，先生對於「嚴格涵蘊系統」的意義不甚明晰，對真值涵蘊系統之前身的「邏輯代數」亦尚未弄熟。後來方知要了解真值涵蘊的意義，除了真值圖表，還須弄熟邏輯代數，並進而了解嚴格涵蘊系統。這一步學思工夫是在溫故知新中漸次習熟的，在後來的「理則學」一書中便全部具備了。

除了這成問題的「涵蘊」之定義，還有些基本假定，是即：還原公理、相乘公理、無窮公理。羅素又總名之曰：存在公理。他的「數學原理」的思想系統，便是以這三個公理來貫徹。涵蘊定義貫著命題演算，這是屬於純邏輯的。但羅素講這一套是為了講數學。他的主要心力是用在對於「類與關係」的解析與構造，而藉之以定「數」。存在公理就是在由此以定「數」上被逼迫著要假定的。這存在公理的假定，在作類與關係之解析與構造的過程中，當然隨時需要有定義，這些定義都是跟著那假定而來。定義本身確有問題，而問題都是在假定上。先生對存在公理這個基本假定，是首先了解了相乘公理與無窮公理，由此而亦了解了羅素的「邏輯原子論」與「多元的形上學」之確切意義。至於還原公理，則困惑甚久而不得確解。

抗戰前一年，先生在北平金岳霖教授家中參加了一次邏輯討論會，便是討論這個問題。主講者講來講去，總不明白，沈有鼎先生說了一句有來歷但卻並不直接中肯的話：還原公理等於「全稱命題等於無窮數的命題之絜和（乘積）」。仍然無結果而散。抗戰開始，先生播遷廣西，一日散步鄉野，忽然對此問題得了一隙之明，以後纔漸漸明白了：(1)「還原公理」（亦名類的公理）之目的，一在避免全稱命題中的循環。因為全稱所示的綜體包含它自己為一分子，這種循環，將形成蹈空的虛幻類、似是而非的假類；這種「類」是不存在的。二在表示由全稱所示的綜體所成之類，皆是「存在類」。即，全稱所涉及的分子，皆化歸於存在的層面上。而全稱所示的綜體沒有理由限於有窮，若只是有窮，還原公理亦不必要，所以邏輯必通於無窮，纔有可還原的假定。全稱所示的綜體皆必須有指謂之存在謂詞為其底子，而後綜體乃可還原於與它相應的、指謂之存在謂詞。因而，存在方面亦必須有無窮個個體。(2)然則，存在方面的個體是否真無窮？這不可得而知。「無窮公理」即假定有無窮個個體存在。羅素從數學上認為有種種理由必須肯定無窮。(3)既肯定無窮，那麼在無窮個個體中，是否有一種關係可以作標準，讓我們從那些個體中作選取而成類？這亦不可得而知。但既肯定無窮，就必須肯定有一種關係存在，此即「相乘公理」。

這三個公理一線相穿，都是在存在方面有所肯定，所以可以一起名為「存在公理」。此即羅素的實在論的數學論。一方面透示了一個多元的形上學，邏輯原子論的多元論；一方面奠定了數學的存在方面的基礎，使數學歸於一個多元的形上學，而建基於原子論上。先生明白了這個意思，隨即便開始有了懷疑，由懷疑而有了轉向。先生一方面同意維特根什坦斷定這是「實在論的數學論」，同時又進一步指出它亦是「雙線的數學論」：一線是邏輯的，一線是存在的。但是，(1)講數學，為什麼要雙線進行呢？(2)數學要靠三個假定，既建基於一個由假定而形成的形上學上，然則，數學本身之自足獨立的必然性又何在呢？由於這兩個疑問，使先生必須扭轉羅素的數學論。

三、純理自己之展現：寫成「邏輯典範」與「理則學」

對於一個表達邏輯自己的推演系統，經先生步步審識的結果，認為它不表示任何東西，它只表示「純理自己」，是「純理自己之展現」。「純理自己」一詞之提出，一方面保住了邏輯之自足獨立性，不依靠於任何外在的形上學；一方面保住了邏輯的必然性與超越性。由此，先生既不贊成只就形式系統的技術之形成而說的「形式主義」與「約定主義」；亦不贊成想從外在的存在上給形式的系統以形上的意義之「共相潛存說」與「邏輯原子論」。前者違反邏輯的必然性與超越性，後者違反邏輯的自足獨立性，而且亦與「不牽涉對象、一無所說、與外界根本無關」的套套邏輯義相違反。先生就（自身相函的）套套邏輯之事實，一貫地想下去，很自然地得到這個結論，並認為這個結論是定然而不可移的。這是屬於消極性的批評與提煉。

至於積極方面，先生⑴從認識邏輯中的命題架子起，⑵進而了解造成命題架子的基本概念或規律有定然性與先驗性，⑶再進而重新確定思想律之意義、確定其先驗性、必然性與超越性。先生指出，思想三律根本是「肯定否定之對偶性」這個原則的直接展現。即，由對偶性原則直接開出排中律、同一律、矛盾律。如此一步一步予以釐定，「純理自己之展現」說，便極成了。西方邏輯學者未能與套套邏輯之事實，如如相應而一貫地想下去，以通透邏輯之本性；實在都是歧出而陷於疑惑不定之中，或增益減損之中。（形式主義與約定主義是減損，共相潛存說與邏輯原子論是歧出而增益。）講唯物辯證法的人攻擊思想律，固無是處；布魯維取消排中律，以及羅素用「邏輯的相應說」救住排中律，亦都是不中肯而歧出的。（民國三十一年，先生撰有評羅素「意義與真理」一長文，便是對羅素論排中律與邏輯之構造而發。刊於「理想與文化」第三、四合期。）講唯物辯證法的人，從事物之變動與關聯方面反對思想律，是為領域之混淆；而邏輯專家們，則以形式主義、約定主義動搖邏輯之命根；共相潛存說與邏輯原子論，則又使邏輯依託於一外在的形上學之假定上；先生以為，這都是義理不透，未識大常，所以群言淆亂，使定然者成為不定，必然者成為不必然，這是時代虛脫飄蕩之象。

復邏輯之大常，識邏輯之定然，歸宿於「知性主體」而見「超越的邏輯我」，至此，羅素的「實在論的數學論」乃可得而扭轉：數學與幾何，皆基於純理，而不基於邏輯原子論。其入路亦不由有存在意義的「類」與「關係」入，而是由純理展現之外在化的「步位相」與「布置相」入：由「步位相」明數學，由「布置相」明幾何。如是，「存在公理」可以不要，使雙線（邏輯的、存在的）歸於一線（純理自己之展現），以救住數學自身之自足獨立的必然性。（此義，羅素的高足維特根什坦亦已見到，但先生認為他對邏輯的了解，尚未提煉到透徹的境地，所以其數學論亦只停在技術處理的形式主義上，而未達於通透之境。）杜威的「運用論」，亦不由類與關係以明數，亦不涉及存在公理，可謂有見，但先生不取他的說統。（先生曾有「評述杜威論邏輯」一長文，刊於南京「學原」第一卷第四期。）此外，布魯維的直覺主義的數學論，希爾伯的形式主義的數學論，雖皆有契，而不盡同。

以上都是屬於邏輯數學的提煉與扭轉。在「邏輯典範」書中已大體具備。（此書厚達五、六百頁，於民國三十年，由香港商務印書館出版。）但先生自覺該書「開荒之意重，雕琢之工少」，許多消極性與積極性的義理，尚有不夠明白處。而較為確定而透徹的陳述，是在後來撰著的「理則學」與「認識心之批判」兩書。先生寫「邏輯典範」，主要的用心，是要扭轉近世邏輯家對邏輯數學的解析，以接上康德的途徑，重開哲學之門。這是屬於邏輯哲學的工作，所以理論性的討論特多。而「理則學」一書，則是應教育部之約而寫，以作為教科書之用，故只就邏輯系統，作內部的講述，而不牽涉理論的討論。書分三部：第一部講傳統邏輯，分為八章。第二部講符號邏輯，分為三章，以講述邏輯代數、真值涵蘊系統、嚴格涵蘊系統。第三部為方法學，講歸納法。另有兩章附錄，一為辯證法，一為禪宗話頭之邏輯的解析。（此書於民國四十三年完稿，次年由國立編譯館出版，台北正中書局印行，計三百頁。）

四、由「架構的思辨」敲開「認識主體」之門

先生自謂，由於扭轉對邏輯數學之解析，歸於「知性主體」，直敲「認識主體」之門，建立「超越的邏輯我」；使自己真正地進入哲學之域，而得到了在哲學上獨立說話的思辨入路。在自己的生命中，已確然湧現了安排名數、說明知識、進窺形上學的全部哲學系統的架構。這就是所謂「架構的思辨」。在這部工作上，不但接受了康德，還要進而了解康德，以學習他那套架構的思辨。

康德的哲學，是偉大靈魂的表現，亦是西方哲學的寶庫。學力不夠，根器塵下，將終生接不上。器識學力都夠了，還要有那架構思辨的工巧方式，亦即由「為何」而「如何」的方式，這是必須長期學習的。一個學哲學的人，在青年階段總是表現他的直覺穎悟（如果他有的話），亦總是先順著經驗、攜帶他的智力直接外用以趨物，所以容易先欣趣於浪漫的理想主義，如生命哲學一類；亦容易先接受經驗主義、實在論、唯物論、唯用論那類的思想。先生認為，這些都只是哲學的初步，還不算真正進入哲學的堂奧。就是羅素那種邏輯分析，亦

只是在順趨的方向上表現其精明與技巧，故只是消極的釐清，而無積極的建樹。其「數學原理」雖亦可說是一種積極的建樹，但如前所述，他那由類與關係入手的實在論的數學論，對數學之究竟義，仍有一間未達，不能算是第一義上的器識。要想進入哲學之堂奧，進入第一義的數學原理，必須由順趨而進到「逆反」，此則不能停在邏輯的分析上，而必須進到「超越的分解」。因為順趨的邏輯分析，只停在已經呈現的東西之「是什麼」上，這大體還是科學的態度，科學的層面。既已有科學矣，而哲學又停滯在同一層面上，當然不可能有義境上的開闢。然則，哲學之所說豈不成為重複之廢辭？可知只停在「是什麼」上，而不能進一步就此「是什麼」而由「為何、何如」以探本溯源，則不能見出先驗的原理。唯有由邏輯分析所成立的平面之系統，進到由超越分解之架構思辨所成立的立體之系統，纔算進入哲學的堂奧。所謂架構思辨的「為何、如何」的技巧方式，亦正由這超越分解而規定。康德所謂「批判的」，便是落在這裡而說。

五、對「純理批判」的了解與修正

康德的「純理批判」，分為「超越的感性」、「超越的分解」、「超越的辯證」三大部。由於先生步步扭轉對邏輯數學之解析，認識了純理自己之展現，所以首先了解了「超越辯證」部。

第一：「超越的辯證」部，是康德對於「超越形上學」的批判，由如何不可能而透露如何可能。其中有兩個關鍵性的名詞：「軌約原則」與「構成原則」。這二個「為何、如何」

的批判思辨上的名詞，對於了解康德的思想，非常重要。康德指出，純粹理性順經驗而依據範疇向後追溯，以期超出經驗而提供超越理念；這種追溯以及由提供而置定的康德理念，只是「軌約的」，而不能認為是「構成的」。以軌約為構成，便將形成超越辯證所示的虛幻性。這表示在純粹理性依據範疇以追溯上，並不能彰明超越理念之真實可能性，亦不能獲得真實的客觀妥實性。在這裡，表現出純粹理性有效使用的範圍，劃開了「知識域」與「超越域」。在「超越域」上開闢了價值域，而價值域的根源，是「認識主體」之外的「道德主體」，此則必須正視各種「主體之能」。於此，先生乃又重新回來再正式了解「超越的感性」部與「超越的分解」部。

第二：「超越的感性」部，講時空與數學。萊布尼茲首先自覺地把時空看成是關係、是程態，不是外在的實體性的存有。先生認為此已開啟了「繫屬於心」的主張。但在萊氏並不顯豁，到康德，便顯豁地主張時空繫屬於心，而視之為直覺之形式。（唯康德並不自覺由萊氏來。）萊氏的精察照了是邏輯的，單知其本性如此；康德的精察照了則是批判的，從認知主體方面見其本性與作用，而即由「批判的」以規定其本性。繫屬於心，則不是外在的實有；視為直覺之形式，則見其「超越的作用」，而且即在此處建立其落實性。先生雖親切契悟了康德的時空之主觀說、時空為直覺之形式說，對康德所說的時空之「超越的觀念性」與「經驗的實在性」，亦豁然明白而無疑。但對於他「時空與數學之關係」的主張，則認為必須修改。如前所述，先生確認數學與幾何皆是純理自己之外在化，這是數學與幾何之第一義。再經由「時空之超越決定」，而說數學與幾何之第二義。先生不自「超越感性」上論數學，而打斷了「時空」與「數學之第一義」上的關聯，衝破了康德對於時空所作的「超越解析」。這樣，一方面扭轉了羅素的「實在論的數學論」，一方面復活而修改了康德的「批判哲學」。這是先生所著「認識心之批判」書中最具匠心的部分，是系統開展之本質的關鍵。

第三：「超越的分解」部，講範疇與自然知識。一是「概念底分析」，講範疇：包括範疇之「形上的推述」與「超越的推述」。二是「原則底分析」，講範疇之應用：包括規模論，以及綜和原則之系統的表象。——在「形上的推述」中，康德由傳統邏輯的十二判斷以為發現範疇之線索。先生認為，這表示康德對於邏輯概念與體性學的概念，並未嚴加分別。由十二判斷可以引出一些純粹先驗的邏輯概念，如：「全、偏、肯定、否定、如果則、析取」等；但這些邏輯概念，與「一、多、綜、實有、虛無、本體屬性、因果、交互」等的體性學的概念，並不同。於此，康德並無審慎的照察。（此亦由於康德時代，對於邏輯的認識，尚未發展到今日之程度。）因此，十二判斷的完整性與先驗性，康德並未予以極成，對於「判斷底形式」之形成所依據的基本概念（即邏輯句法所由以成的基本概念），亦未能明其完整性與先驗性；他沒有正視這些基本的邏輯概念，卻正視了那不能由判斷引出，而卻為他所引出了的範疇（即體性學的概念）。先生認為，這是康德哲學中很不健全的一部，所以徹底予以改變。（按、二十年後，先生對於此一問題，採取了較為謙退的態度，而有更進一步的妥實之調整。說見後第五階段。）改變的要點：(1)嚴分邏輯概念與體性學的概念之不同。(2)指出由判斷底形式只能引出邏輯概念，不能引出體性學的概念。(3)講知識底形式條件，而為知性所自具者，只此邏輯概念即已足夠；而且知性本身亦只能見出這些邏輯概念，而不能見出具有存在意義的體性學的概念。⑷如是，乃進而講那些形成「判斷形式」（邏輯句法）的基本邏輯概念之完整性與先驗性：一方面表明了邏輯句法與邏輯系統之形成，以及其先驗性與定然性；一方面即於此發見了知性本身的形式條件。⑸這些形式條件，不名曰範疇，而改名曰「格度」。⑹格度有四：一為時空格度，由超越的想像所建立，而用之於直覺；二為因故格度，三為曲全格度，四為二用格度，此後三者皆為知性本身所自具。⑺再由因故格度處建立當機詮表之範疇。（此範疇取古典義，非康德義；其數亦無定，但卻皆是邏輯地先在的，是在知性（認識心）依據格度以作「超越的運用」時所自動地當機設立的。）⑻格度之為先驗是現成的、本有的、數目有定；而範疇之為邏輯地先在，則不是現成的、本有的，而是因故格度詮表事象時所當機設立的。⑼於知性三格度處說「超越的運用」，於時空格度處說「超越的決定」。前者是軌約的，後者是構成的。康德無此分別，皆說為「超越的決定」，因此遂有「經驗可能底條件，即經驗對象可能底條件」一最高綜和原則之置定。而先生加以分說，減輕了認識心之擔負；吸納了柏拉圖、亞里斯多德之傳統的精神，透露了超越形上學之真實可能；由認識心所不能擔負者，歸之於形上的天心（道德心）；因而解消了康德哲學中的生硬、不自然性。

綱領規模既已開具，先生乃進而作四格度之進述，以明各格度之所函攝。⑴時空格度之推述（超越的決定）：明數學與幾何之應用，亦即明數學幾何之第二義。⑵因故格度之推述（超越的運用）：顯示一個經驗知識完成的全幅歷程，說明了範疇的種種特性，並予柏拉圖的理型以認識論之推述。⑶曲全格度的推述：明滿類之滿證，透出超知性之「智的直覺」，說明了「無窮」底種種意義，並對於羅素的「實在論的數學論」之為第二義、為雙線並行，作了較「邏輯典範」書中更進一步的說明。(4)二用格度之推述：明「辯證」底各種意義，予「認識心、知性的、超知性的」以充分的展現，看它有何成就，能至於何極？作完了這四步推述，認識心的全部相貌、本性與限度，乃一齊昭顯而無遺。

六、完成「認識心之批判」

以上是敍述先生架構思辨的過程，其結果便是繼「邏輯典範」之後，而寫成的八百餘頁的「認識心之批判」。此書自構思到完稿，長達十年之久。民國三十七年，曾先發表「認識論之前提」、「知覺現象之客觀化問題」、「時空為直覺底形式之考察」、「時空與數學」等章節於南京「學原」雜誌。全書完稿之後，先生來台，當時沒有書局具備印行此書的器識。又七年（民國四十五年），纔由香港友聯出版社負起了這個責任。全書分四卷：

第一卷　「心覺總論」。分三章。

第二卷　「對於理解（知性）之超越的分解」。分為兩部：一部論純理，一部論格度與範疇。共七章。

第三卷　「超越的決定與超越的運用」。分為兩部：一部為順時空格度而來之超越的決定，一部為順思解三格度而來之超越的運用。共五章。

第四卷　「認識心向超越方面之邏輯構造」。分兩章以論本體論的構造與宇宙論的構造。

康德的「純理批判」以及羅素與懷悌海合著的「數學原理」，是西方近世學問中的兩大骨幹。先生常自慶幸能夠出入其中，得以認識人類「智力」的最高成就，得以窺見他們的廟堂之富。「數學原理」之內在的結構與技巧，因為中國的學術傳統沒有這一套，一時還產生不出這樣的偉構。先生亦自歎有所不及，但在哲學器識上，則自覺並無多讓，所以能以究竟了義為依歸而扭轉其歧出。（當然亦不輕忽它的價值與分量。）而「純理批判」，是由西方純哲學傳統而發展出來的高峰，其工巧的架構思辨，極難能而可貴。先生正視它的價值，彌補它的不足，而復活了康德批判哲學的價值。（而且二十餘年之後，仍鍥而不舍，對「認識心之批判」書中之所說，又作了一步修正與推進，先後撰著「智的直覺與中國哲學」、「現象與物自身」二書，證成了康德自己未能證成的義理，因而亦融攝了康德，升進了康德。）

先生以為，人類原始的創造的靈魂，是靠幾個大聖人：孔子、釋迦、耶穌。但大聖的風姿是沒有典要的，其豐富不可窺測，其莊嚴不可企及，只有靠實感來遙契。而學問的骨幹則有典要，典要的豐富是可以窺見的，其骨幹的莊嚴亦是可以企及的。通過學問的骨幹以振拔自己，纔能盡己、自立，以承擔文化學術與國家天下的責任。先生在訓練架構思辨的過程中，雖只是純理智的，與現實毫無關係；但遭逢大難，家國多故，又豈能無動於衷？故一方面在純理智的思辨中，一方面亦一直在國家天下歷史文化的感受中。

第三階段：客觀的悲情與具體的解悟

一、熊先生的熏炙：生命之源的開啟

先生從事抽象的、純理智的架構思辨，這是存在主義所謂「非存在的」。雖在「非存在的」領域中，卻因正視存在的現實而常被打落到「存在的」領域。由於對時代不斷的感受、默識，漸漸體會了時代的風氣、學術的風氣、知識分子的劣性、家國天下的多難，以及歷史文化的絕續。這一切，引發了先生客觀的悲憫之情。由這「客觀的悲情」而引進到架構思辨以外的，另一線的義理。

而先生接觸這一線的義理，其最初的機緣，是大學三年級時遇見了熊十力先生。在熊先生那裡，先生立刻嗅到了學問與生命的意味，而照察出一般名流教授「隨風氣、趨時式、恭維青年、笑臉相迎」那種標格的卑陋庸俗，亦顯示了一個自己未曾企及而須待向上企及的前途。這是一個學問與生命深度發展的問題，時時有一超越的前景在那裡，便時時能反照到自己生命現實的限度與層面。這就是前文所說「從外在化提升起來，而向內轉以正視生命」。

不打落到「存在的」領域，是不能接觸到這種關於生命之學問的。存在的領域，一是個人的，一是民族的，這都是生命的事。先生指出，西方學問以「自然」為首出，以「理智」把握自然；中國學問以「生命」為首出，以「德性」潤澤生命。從自然到生命，既須內轉，又須向上。因為這樣纔能以「存在的」現實而契悟關於生命的學問。先生之正視生命，不同於文學家或生命哲學對於自然生命之謳歌讚歎，而是由一種「悲情」而引起。國家何以如此？時代精神、學術風氣，何以如此？難道這不是生命的表現？但何以表現成這個樣子？這些都不能只看生命本身，而要透到那潤澤生命的德性，以及那表現德性或不表現德性的心靈。在這裡，便有學問可講。這裡是一切道德宗教的根源。

自抗戰軍興，先生自北平南下，由廣西而昆明，而重慶，而大理，又返重慶北碚從熊先生。五年之中，國家之艱苦，個人之遭遇，在在皆足以使先生正視生命，而從抽象的「非存在的」領域，打落到具體的「存在的」領域。加上熊先生那原始生命的光輝與風姿，家國天下族類之感的強烈，以及直通「華族文化生命觀念方向所開闢的人生宇宙之本源」而抒發義理與情感的風範，尤使先生獲得真切而且親切的感受。由於十餘年的熏炙，而開啟了一種慧命，這種慧命，就是耶穌所說的「我就是生命」的生命，「我就是道路」的道路，而中土聖哲，則願叫做「慧命」。

二、情感時期：客觀悲情之昂揚

民國三十一年，先生離北碚赴成都，任教於華西大學，那時，先生的道德感特別強，正氣特別昂揚。但那不是個人的，而是全注於家國天下、歷史文人的客觀的意識。先生既痛心於政治與時代精神之違離正道而散塌，而尤其深惡痛絕於共黨之無道與不義。先生撥開一切現實的牽連，而直頂著華族文化生命之大流而說話。凡違反「國家、華族生命、文化生命，以及夷夏、人禽、義利之辨」的，凡否定這些而乖離的，凡不能就這些而盡其責以建國、以盡其民族自己之性的，先生必斷然予以反對。這是一種具有宗教之熱忱的戰鬥精神。由於這種精神之昂揚，使先生契悟了耶穌向上昂揚而下與魔鬥的莊嚴之精神。向上昂揚，必須內心瑩澈，信念堅定，必須對超越實體方面有所肯定。如此纔能放棄一切、犧牲一切，以開出生命的真實途徑。先生眼看時代要橫決，劫難要來臨，客觀的悲情一直在昂揚著。這客觀的悲情，不只是情，同時亦是智、亦是仁、亦是勇。這是生命之源、價值之根的精神王國。耶穌內心瑩澈，肯定了他天上的父；而先生所肯定的，則是華族歷聖相承所表現的華族之文化生命，是「滿腔子是惻隱之心，通體是慧命」之孔子所印證的，既超越而又內在的生命之源、價值之源。到了下與魔鬥時，便是「天下無道，以身殉道」。這是否定一切，肯定一個。天下一切皆可不是，而自己的國家、華族的文化生命，不能有不是；一切皆可以放棄，皆可以反對，而這個則不能放棄、不能反對。這就是先生向上昂揚其「客觀的悲情」之超越的根據。

抗戰勝利，舉國歡騰。但一時的歡喜興奮，一下子便轉而為渙散、放肆與墮落。這時，人的目光不再看外面的世界，而轉為向內看，看現實的政治。青年人看這個現實不好，便嚮往那個現實，而在放肆與迷糊中傾向共黨；政治團體則著眼於現實的私利，聯合起來向執政黨要民主；而執政黨又膠著於現實的政局，而不能透徹正視民主政體建國的真實意義及其莊嚴神聖的使命；至於共黨，則勾結蘇俄，拚命地乘機搶奪、擴展；而一般大學裡的教授者流，依舊昏沉歧出，滯執膠固於理智主義的習氣上，而虛矜地、恬然地、自鳴清高；朝野上下，見不到有任何凝聚與開朗之象，亦沒有直立於華族文化生命上立大信的器識。這時，先生隨中央大學由重慶回到南京，乃獨力創辦「歷史與文化」雜誌，以人禽、義利、夷夏之辨昭告於世，並從頭疏導華族之文化生命與學術之命脈。但因經費無著，只出四期而止。不二年而共黨渡江，南京淪陷。先生亦終於由杭州經上海，再轉廣州而來到台灣。

自成都到南京這五、六年間，是先生的「情感」時期（客觀悲情之昂揚）；另外一面，便是自大理開始構思而完成於來台之前的「認識心之批判」之撰著，這是純哲學的思辨。這兩面是雙線並行而同時表現的。

三、「道德的理想主義」：由大的情感轉爲大的理解

先生來台之後，半年之間，整個大陸相次沉淪。國家民族與歷史文化的前途，已到最後徹底反省之時。先生根據客觀悲情之所感，轉而為「具體的解悟」，以疏導華族文化生命的本性、發展，與缺點，以及今日「所當是」的形態，以決定民族生命的途徑。這是由「大的情感」之凝歛轉為「大的理解」之發用；其結果，便是「歷史哲學」、「道德的理想主義」、「政道與治道」三書之寫成。這三部書有一共同的基本用心，是即：本於中國的內聖之學以解決外王的問題。其中「歷史哲學」與「政道與治道」是專著，前者是縱貫地說，後者是展開地說。而「道德的理想主義」，則是依於一個中心觀念（怵惕惻隱之仁）之衍展，隨機撰述的論文。

在撰著的時序上，「道德的理想主義」書中諸文，與「歷史哲學」實同時而並進，寫歷

史哲學是專其心，隨機撰文是暢其志。在歷史哲學尚未完稿之前，先生已先輯印「理性的理想主義」、「道德的理想主義與人性論」、「理想主義的實踐之函義」諸文為一小書，於民國三十九年十一月，由香港「民主評論」社以「理性的理想主義」為書名而出版。書中指出孔孟所印證的「怵惕惻隱之仁」即是價值的根源、理性的根源，直就此義而說：道德的理想主義。這怵惕惻隱之仁，亦是了悟性命天道的機竅，「人性論」即直接由此而建立。而人性論之時代的意義與文化上的意義，即在於對治共黨之唯物論與馬克思之人性論而顯出。這是怵惕惻隱之仁第一步的衍展。再進一步便是「踐仁」的過程，在此而有家、國、天下（大同）與自由、民主、道德、宗教之重新肯定；既以對治共黨之邪惡，亦為虛無低沉的時代樹立一個立體的綱維。

這個綱維既已確立，便可以隨時照察、隨時對治。於是而有「闢共產主義者之矛盾論」「闢共產主義者之實踐論」二文之發表，以破斥共黨理論之邪謬。同時，亦撰文針砭自由世界時風學風之流弊，如：疏通法人薩特所謂「無人性與人無定義」之意指，以祛其偏頗。就十九世紀德國詩人霍德林所謂「上帝隱退」之言，以指出時代學風之無體、無理、無力。而對當代偏就個體性以言自由者，則指出其缺少一真實的普遍性，故不能引生真實的理想，不能開發新生命；必須本於由人性主體而透顯真實普遍性，而後纔能調整現實、糾正現實，以消解自由與理想之衝突。對於科學一層論、理智一元論者，則指出其缺少一價值之源以立本；價值意識提不起，便不足以言文化意識與歷史意識。復次，價值之源不清不透，縱有文化意識與歷史意識，亦將落到從生物生命看文化之立場；故進而指出斯賓格勒「以氣盡理」

的文化周期斷滅論之不足，而點示歷史文化所以悠久的超越原則，乃在於「以理生氣」。中國心性之學的意義與價值，即由此而顯出。

除了隨時照察、隨時對治，還須隨時提撕，以極成這個綱維。因此，「道德的理想主義」必然函著「人文主義之完成」。依據這極成的義理綱維，以開出文化發展的途徑，以充實華族文化生命的內容，先生提出了三統之說：

1.道統之肯定：肯定道德宗教之價值，以護住孔孟所開闢的人生宇宙之本源。

2.學統之開出：由民族文化生命中轉出「知性主體」以融納希臘傳統，開出學術之獨立性。

3.政統之繼續：認識政體發展的意義，以肯定民主政治之必然性。

這就是先生「道德的理想主義」一書，隨「怵惕惻隱之仁」這一中心觀念所衍展的範圍。書中最後兩文，一是「反共救國中的文化意識」，指陳救人、救國、救文化，必以文化意識、文化生命、文化理想為領導原則，纔能克服共黨之魔難，以重開歷史的光明。另一篇是「關於文化與中國文化」，文中對數十年來時風學風之卑陋膚淺、知識分子所以對中國文化起反感之故，以及反省文化問題應有的態度，皆有肯切之針砭與提示。此書各文，全部發表於民國四十三年之前，而輯印成書則在五年之後，於四十八年十一月，由東海大學出版。全書二百六十餘頁。

四、「歷史哲學」：建立華族歷史的精神發展觀

「怵惕惻隱之仁」落於歷史文化上的深切著明之表現，乃是歷史哲學的論題。先生撰著「歷史哲學」一書，以疏通中國文化為主。貫通民族生命、文化生命，以開出華族更生的途徑，這是先生寫此書的主要動機。將歷史看做一個民族之實踐過程，以通觀時代精神之發展，進而表白精神本身表現之途徑；並指出精神實體表現之各種形態，於此而疏導出中國文化所以不出現科學民主之故，以及如何順華族文化而轉出科學與民主，這是先生撰著此書的基本用心。而蕩滌民國以來迷惑人心的唯物史觀（歷史的經濟決定論），進而完成一「歷史之精神發展觀」，以恢復人類之光明，指出人類之常道，是即此書之歸結。

先生指出，精神表現的各種形態與各種原理，在各個民族間的出現，不但有先後之異與偏向之差，而且其出現的方式亦有「綜和的」與「分解的」之不同。中國文化表現「綜和的盡理之精神」與「綜和的盡氣之精神」，西方文化則表現「分解的盡理之精神」。(1)綜和的盡理之精神，是指「由盡心盡性而直貫到盡倫盡制」，由「個人的內在實踐工夫直貫到外王禮制」的精神；其表現於人格者，則為聖賢與聖君賢相。(2)綜和的盡氣之精神，是指「一種能超越一切物氣之僵固、打破一切物質之對礙，以表現其一往揮灑的生命之風姿」的精神；其表現於人格者，是天才、是打天下的帝王。(3)分解的盡理之精神，有二個特徵：第一是推置對象而外在化之，以形成主客之對列；第二是使用概念，抽象地概念地思考對象。此種精神表現於文化，一是神人相距的離教型的宗教，二是以概念分解對象和規定對象的科學。三

是通過階級集團向外爭取自由人權，而逐漸形成的民主政治。由綜和的盡理之精神，表現「道德的主體自由」，而使人成為「道德的存在」（或宗教的存在）。由綜和的盡氣之精神表現「藝術性的主體自由」，而使人成為「藝術的存在」。（此取廣義。凡是盡才、盡情、盡氣的天才、英雄、豪俠、才士、高人、隱逸之流，皆屬此類。）由分解的盡理之精神，表現「思想的主體自由」以及「政治的主體自由」；前者使人成為「理智的存在」，後者使人成為「政治的存在」。中國充分地發展了道德的、藝術性的主體自由，西方充分地發展了思想的、政治的主體自由。黑格爾說中國只有「合理的自由」，而沒有「主體的自由」，實意是指「政治的主體自由」而言。（黑氏不知「主體自由」之表現有各種形態，故顢頇籠統地言之。）而凱塞林的哲學家旅行日記，說中國人有智慧，而思想則乏味，此中關鍵，則是由於「思想主體」（知性主體）未能充分透出以得其獨立的發展之故。

先生此書，完稿於民國四十一年，至四十四年始由強生出版社印行。七年後由香港人生出版社增訂再版，現由台北學生書局重版發行。全書四百餘頁，分為五部：

第一部，論夏商周。先生指出，人文歷史的開始是斷自觀念之具形，而現實的發展則斷自氏族社會。觀念之具形可以上溯於堯舜，而氏族社會由母系轉為父系，則當始於夏代。在上古文化中，中華民族所首先把握的，是生命，而不是外在的自然。雖然古代史官之職，亦包含窺測自然以正歲年這一面，但因接連於「本天敍以定倫常，法天時以行政事」，這是以「修德愛民」之政治為本，而並未將「自然」推出去以成為理智所對的客觀外在物，因而沒有開出希臘式的科學。中西文化之殊途，在這裡便已透露了端倪。而中國古代的氏族社會，亦不向西方式的經濟特權之階級社會而趨，而是在步步發展中形成了「宗法的家庭制」與「等級的政治制」的周代禮制之社會。這等級的政治制中，含有治權之民主。而此後中國的政治，亦一直是「有治權之民主而無政權之民主」的政治。黑格爾所謂中國人有合理之自由而無（政治的）主體之自由，其實意便是指說：中國人在數千年的傳統政治中，並未達到「人人自覺地是政治的主體之存在，以掌握其行使政權之自由」。這一點，確實顯示出中國傳統政治的限制所在。

第二部，講春秋戰國秦。分三章講論五霸與孔子、戰國與孟荀，以及秦之發展與申韓。西周三百多年是周文的構造時代，春秋二百多年則是周文逐漸分解的時期。周文之理想提不住，所以五霸以尊王攘夷之名號為天下倡。王室雖衰，而猶然尊周文而不替，可知春秋五霸的迭興，實亦周文之多頭表現；而齊桓管仲之「帥諸侯朝天子，正天下之化，興復中國，攘除夷狄」，尤對政治文化有大功。再下至孔子，周文已到徹底反省之時，反省即是一種自覺的解析，這不是周公「據事制範」之廣被的現實制作，而是「攝事歸心」，反身而上提的形而上的仁義之點醒。孔子握住仁義之本，予周文以超越的解析與安立，正如長龍之點睛，一經點畫，便通體是龍；這是孔子智慧的開發，是大聖人之創造。孔子通體是仁心德慧，滿腔是文化生命、文化理想，所以能盡人道之極致，立人倫之型範。

到了戰國，井田制的共同體趨於破壞，依於宗法制度而糾結在一起的共同體式的貴族政治，亦日漸趨於崩解，政治之格局乃轉為「君、士、民」之形式的客觀化。但因欠缺一個正面而積極的客觀理想，所以終於成為人人務求盡物力物氣的純物量精神之時代。能逆此時代之精神而肯定文化理想者，只有孟子與荀子。孟子通體是文化精神，他充分披露其生命之光輝與英氣，壓下盡物力的時代風氣，而亦顯示了他自己人格與時代之對立與破裂；但亦正因如此，孟子乃得表現道德精神主體，而盡了他對時代的使命。荀子通體是禮義，表現知性主體。他重禮憲，重天生人成，使天之自然成為被治的，人的知性主體凸出而照臨於自然之上。在中國古代思想中，這是唯一可與西方重知性之精神相通接的所在。但荀子重禮憲，卻不上本於心性之善，所以他的禮憲亦成為外在的。而凡外在的，皆可揮而去之。於是，順戰國之盡物量物氣的時代趨向，便必然會轉出申韓與秦政，來剷平一切禮義與人格的價值層級，而歸於那「純物量、純數量的漆黑之渾同」。而政治亦遂歸於絕對之極權，人君則成為陰森之秘窟。（觀乎大陸共黨二、三十年之統治，事尤顯然。）

第三部，講楚漢相爭，綜論天才時代。秦之一統，是在多頭敵對之中，而對立地擴展兼併而成；它代表一個對消否定的階段，而不是綜和創造的階段。所以秦之成為歷史的過渡，乃是必然的。而劉邦則代表中華民族對於秦政因物量物氣而固結的漆黑渾同之機栝，予以衝破的原始生命之風姿與充沛。他是天才時代的典型人物。但天才能盡氣而不能盡理（雖亦未嘗不能接受理想）。故先生即以此部之二、三兩章，分論「綜和的盡理之精神」與「綜和的盡氣之精神」之歷史文化的意義。同時指出中國文化必須轉出「分解的盡理之精神」，而後纔能樹立「知性主體」以開出邏輯、數學、科學。在政治上必須人人自覺地成為「政治的存在」，從以往那種只順「自上而下」之治道方面想的思路，轉為從政道方面想，通過個體之自覺以開出近代意義的國家、政治、法律。這纔是建國立國的鋼骨所在。中國的文化生命，向上透的境界雖然極高，但唯有補足「知性」與「政道」這中間架構性的東西，纔能向下撐開以獲得堅固穩實的自立之基。

第四、第五兩部，分別論西漢與東漢。西漢二百年的時代精神，以漢武帝之「發揚的理性人格」與董仲舒的文化運動為主導，先生綜名之曰「理性的超越表現時期」。但其內在表現只成為宣帝之吏治，未能與超越之理想互相協調配合，而董生所顯示之超越理想又有駁雜，所以終於蹈空而出現王莽之篡位與乖異。東漢二百年的時代精神，則以光武帝之「疑斂的理性人格」為主導，先生綜名之曰「理性之內在表現時期」。光武出身民間，早年學於長安，有田間之樸誠，與學問理性之凝斂，其天資雖不及高祖、武帝，而「理之流澤足以補其短，心之戒懼足以延其慶」。故能「涵之以量，貞之以理」，以理性自斂而斂人斂天下，所以能成東漢一代之規制。而中國的國家政治之規模，亦大定於東漢。後代政制上的改革，皆是第二義以下的枝節。故先生「歷史哲學」，亦寫到東漢而止。（魏晉以後轉而論學術，將述於下一階段。）

五、主觀的悲情：存在的感受與證悟

溯自民國二十九年，先生在雲南大理正式構思「認識心之批判」以來，集中心力於純理智的思辨，長達十年之久；接著又由客觀的悲情而轉為具體的解悟，在國遭鉅變之時，動心忍性撰著上述三書，亦前後連續四、五年；經過十五年「生命之離其自己」之發揚（若加上「邏輯典範」之用思與撰著，則已逾二十年），生命之耗散太甚，而先生憊矣、倦矣！倦而反照自己，無名的空虛之感突然來襲。由客觀的轉為「主觀的」，由非存在的轉為「存在的；由客觀地存在的（具體解悟之用於歷史文化）轉而為主觀地存在的（個人地存在的）。先生自覺這方面出了問題，而難以為情、難以自遣。在這裡，不是任何思辨的或情感的「發揚」所能轉化，亦不是任何抽象的或具體的「理解」所能解答、所能安服，乃重起大悲：個人的、主觀的悲情。客觀的悲情是悲天憫人，智仁勇的外用。主觀的悲情則是自己痛苦的感受，智仁勇是否能收回來安服自己的生命，以解除這存在的痛苦呢？這又是一步大奮鬥。

當時，先生在台北主持「人文友會」，每兩週有一次聚會講習。那裡當然有師友之夾持，有道義之相勉，有精神之提撕，有心志之凝聚，而且亦有寬容、慰藉、提攜、增上。說內在，那裡確有師生之互為內在。但剋就先生當時的存在之感受而言，這些亦仍然是外在的。所以那整整兩年未嘗間斷的友會講習，在先生而言，乃是在自己生命之可歌可泣的痛苦感受中，俯身下來而表現為慈悲的接引、莊嚴的開示。與會諸友的感受與開悟，容有強弱深淺之差異，但兩年的親炙，則是這二十年來無時或忘，而一直感念於心的。當時講錄的重要題旨，可以約為下列數端：關於友會的基本精神與願望，關於文化意識與時代使命，關於生命的學問之內蘊，關於古人講學的旨趣與義法，關於中國文化的發展及其問題，關於通向外王的道路，以及黑格爾的權限哲學、存在主義的義理結構、懷悌海哲學之問題性的入路等之講述。在台北最後一次聚會，是講師友之義與友道精神。親切肫懇，語語由衷而出，叮嚀期勉，句句動人心弦。平常想像昔賢講學的風範，在這裡獲得了最真切的驗證。

友會聚會結束，先生應聘東海大學，此時，仍處於存在的感受中。乃於教學之暇，在大度山上撰寫五十生活憶述。共分六章：第一章「在混沌中成長」，寫童年生活。第二章「生命之離其自己的發展」，寫中學時期與大學預科一年級思想觀念之氾濫浪漫階段。第三章「直覺的解悟」。第四章「架構的思辨」。（三、四兩章，四十六年發表於香港「自由學人」，後重刊於鵝湖雜誌。）第五章「客觀的悲情」，分上下篇，上篇曾以「我與熊十力先生」為題，發表於香港「中國學人」季刊。（後編入「生命的學問」一書。）第六章「文殊問疾」曾以「我的存在的感受」為題，編入「存在主義與人生問題」一書。

先生在「五十自述」的撰寫過程中，無異於重新經歷了一次生命成長的行程。在那具體親切的回憶與反省中，一切皆返於正、歸於實：正見、正解、正命、正覺；實情、實感、實理、實證。先生已從痛苦感受中，日漸超解而翻上來了。茲將先生自述最後一小段文謹錄於此，以為印證：

> 凡我所述，皆由實感而來。我已證苦證悲，未敢言證覺。然我以上所述，皆是由存在的實感，確然見到是如此。一切歸「證」，無要歧出。一切歸「實」，不要虛戲。一切平平，無有精奇。證如窒悲，彰所泯能，皆幻奇彩，不脫習氣。（習氣有奇彩，天理無奇彩。）千佛菩薩，大乘小乘，一切聖賢，俯就垂聽，各歸寂默，當下自證。證苦證悲證覺，無佛無耶無儒。消融一切，成就一切。一切從此覺情流，一切還歸此覺情。

六、「政道與治道」：開出外王事功的新途徑

「五十自述」寫完（四十八歲著筆，四十九歲完稿，共十餘萬言），先生乃繼續撰寫「政道與治道」。此書之前三章：「政道與治道」、「論中國之治道」、「理性的運用表現與架構表現」，已先於民國四十二年寫出發表，這是全書理論的骨幹所在。四至八章「論政治神話之根源」、「論政治神話之形態」、「論政治神話與命運及預言」、「政治如何從神話轉為理性的」、「理性之內容表現與外延表現」；則於四十七年連續發表於「民主評論」。第九章「社會世界實體性的律則，與政治世界規約性的律則」，是徵引黃梨洲、王船山、顧亭林與葉水心、陳同甫等人之言論，而予以推進一步之疏導。第十章疏通陳同甫與朱子爭漢唐一問題之意義，以開出「道德判斷與歷史判斷」之綜和的義理規模。全部書稿，於先生赴港前交與台北廣文書局，於五十年二月出版。全書二百七十頁。

此書的中心問題有二：一是政道與治道的問題，而尤著重於政道之如何轉出。二是事功的問題，亦即如何開出外王的問題。這兩個問題是中國文化生命中的癥結所在。二者相連而生，所以亦相連而解。在「歷史哲學」書中，已層層逼顯這兩個問題的重要，並已提供了解答的線索；此書則進而展開地暢發了這一面的義理。

中國政道之不立，事功之萎縮，實由中國文化生命偏於理性之「運用表現」與「內容表現」。（科學知識之停滯於原始階段而不前，亦繫因於此。）而要轉出政道，開濟事功，成立科學知識，則必須轉出理性之「架構表現」與「外延表現」。如何從運用表現與內容表現

轉出架構表現與外延表現，以開出各層面的價值內容（如科學民主等），並使各層面價值之獨立性獲得貞定；又如何能將架構表現統攝於運用表現，以使觀解理性上通於道德理性以得其本源；這其中的貫通開合之道，在書中已作了層層的義理疏導，亦有了明確的解答。

儒家的內聖之學（心性之學）與外王之學（開物成務利用厚生），是本末一貫的。內聖之學以道德實踐為中心，雖上達天德，成聖成賢，而亦必賅攝家國天下而為一，纔能得其究極之圓滿，故內聖必通外王。外王一面的政道、事功、科學，亦必統攝於內聖心性之學，纔能得其本源，以保證文化價值之安立與文化理想之繼續開發。故熊先生「讀經示要」有云：「實學」一詞，一指經世有用之學，二指心性之學，而後者乃人極之所由立，尤為實學之大者。然則，宣傳科學而又詬詆儒家內聖外王之教者，其人為「無知」；要求事功而又反心性之學者，其人為「鄙陋」。而墨子之狹隘的實用主義，顏李之直接的行動主義，實無補於救世；而法家以法為教、以吏為師的極權，尤為傷生害性之物道；凡此皆不足以言事功。至於以說文爾雅的音讀訓詁之學為樸學實學，始則託漢學之名以張大門戶，繼則假科學方法之名以趨時取巧，此實堵塞了孔孟之德慧與志業，乃不樸不實之尤者。（小學考據當然有其價值與貢獻，但孤守於此以排拒較高層次之學術，則大不可。）故自清代以來之陋風淺習，只見其堵絕科學之心智，敗壞事功之精神，乃隔斷華族文化生命之一大歪曲。真能上本孔孟內聖外王之教，以要求開濟事功、從事實學，宋明儒之後，只有晚明顧、黃、王諸大儒可以接得上。宋明儒者是通過佛教之對照，以豁醒其內聖一面；葉水心、陳同甫與明末顧、黃、王諸大儒，是在遭逢華夏之淪於夷狄，而豁醒其外王一面。而先生此書，則是經過滿清之歪曲，面對共黨之澌滅，而作進一步之豁醒與建立。

力振孔孟之學脈，以挺顯內聖外王之教的規模，並承之而更進一步，以解答中國文化生命中有關政道、事功，與科學的問題，而為國族立大信，為文化生命開途徑，這是先生撰著此書的深心弘願所在。後之來者，苟能繼此而再進，以光大華族文化之新生命，則尤為先生所殷切期盼而樂於聞見。

第四階段：舊學商量加邃密

一、徹法源底：心性之學的重新疏導

前文曾說，先生寫「歷史哲學」至東漢而止，此後不再從政治說，故轉而論學術，這就是「魏晉之玄學、南北朝隋唐之佛學、宋明之儒學」三個階段。

先生認為，晚周諸子是中國學術文化發展而成的原始模型，其中以儒家為正宗。從此以後，或引申，或吸收，皆不能不受此原始模型之籠罩：引申者（如魏晉玄學與宋明理學）固然為原始模型所規範；即使吸收其他文化系統者（如佛教），亦不能脫離這個原始模型之籠罩，更不能取代儒家正宗之地位。秦以法家之術統一六國，不旋踵亦隨六國而亡。西漢是繼承儒家而發展的第一階段，到東漢則因理想性發揚不出而轉衰。下及魏晉，道家復興。而這時有印度佛教之傳入，所以道家的玄理，一方面是自身獲得充分之弘揚，另一方面卻又作了契接佛教的最佳橋梁。由於這一接引，而亦拉長了中國文化生命歧出之時間。（所謂歧出，是以正宗之儒家為準，因為儒家纔是中國文化真正的主流。但所謂主流（主幹），並非只我一家之謂。必須己立立人，己達達人，不過不禁，能順成他人之義理而又不失自己之統，如此方得為主流。）

文化生命之歧出，是文化生命暫時離其自己而繞出去走彎路。但在歧出的彎路上自亦有所吸收，所以離其自己亦可說是充實自己。（但若歧出而不回頭，便是歧途亡羊，文化流失。）從魏晉到隋唐這八百年的長期歧出，不能說中國文化生命的容量不弘大。因為容量弘大，所以它所弘揚、所吸收的必能全而盡。全而盡者必深遠。而這全盡而深遠的弘揚與吸收，又必在它自己的文化生命中，引起深刻的刺激與洽浹的浸潤，而有助於其生命之清澈與理性之表現。（文化之發展，亦不過是生命之清澈與理性之表現。）對於這八百年的長期歧出，先生稱之為中國文化生命之「大開」。到了宋明，中國文化生命回歸於其自己，而為「大合」。所以宋明儒學是西漢以後繼承儒家而發展的第二階段。而今日與西方文化相接觸，亦將另有一個大開大合的階段之來臨。這個新階段的文化使命，當以解決外王問題為其最中心的重點。而前述「歷史哲學」等三書，即是先生本於內聖之學，對應這個業已來臨的文化新階段，以疏導出其文化生命之新途徑。

既本於內聖之學以解決外王問題，則其所本的內聖心性之學的義理，自不能不重新予以全部之展露。佛家有所謂「徹法源底」之語，而內聖心性之學，便是一切法的「源底」；所以必須有以徹之，而後乃能見其究極、明其歸宿。因此，先生五十以後，便進一步從頭疏解儒釋道三教的義理。

二、「才性與玄理」：魏晉玄學系統之展現

「政道與治道」完稿之後，先生即著手撰著「才性與玄理」，此書開始於赴港講學之前，至港之次年（民國五十年）全書完稿，五十二年由香港人生出版社印行，現由台北學生

書局重版發行，全書三百八十餘頁。

魏晉玄理，是徹底的玄學。先生此書，即是就此一玄學系統構成之關節，予以充分之展現。魏晉玄理的前一階段，是論「才性」。才性，是自然生命的事。這一系的來源，是由先秦人性論的問題而開出。但它不屬於正宗儒家如孟子與中庸之系統，而是順「生之謂性」的「氣性」一路而來。所以先生首先便以「王充之性命論」為中心，上接告子、荀子、董仲舒，而下開魏初劉劭人物志之「才性」，以疏導這一系的源委。「人物志」所代表的「才性名理」，是從美學的觀點來對人的才性或情性之種種姿態，作一品鑒的論述。順才性之品鑒，可以開出人格上的「美學原理」與「藝術境界」（順此而能有純文學論與純美之創造，而書畫亦成一獨立之藝術）；亦可開出「心智領域」與「智悟之境界」（故善名理，能持論，並能以老莊之玄學迎接佛教）。但卻開不出「德性領域」與「道德宗教上的境界」。美趣與智悟足以解脫開放出人之情性，所以魏晉人重自然而輕名教（禮法），而形成自然與名教、自由與道德之矛盾。王弼、何晏、向秀、郭象等雖欲融會老莊與周孔，結果亦成徒勞。因為這步工作本來就不是玄學名理所能擔當。必須到宋儒開出「超越領域」，構成「德性、美趣、智悟」三者立體的統一，而後纔能徹底解消這個矛盾。

然而，魏晉人能順中國固有的學術發展，而開出智悟境界，由於此一事實，乃可悟出中國固亦有其自己的「哲學」傳統。依先生之分判，中國之道統在儒家；科學之統在羲、和之官；而哲學之統則當上溯名家、道家，而繼之以魏晉之名理。先秦名家之形名、名實，其本質的意義，相當於今日之邏輯與知識論，在超越方面亦通於玄學；而魏晉名理則相當於今日之哲學，其中談玄理者為形上學（以老莊為底子），談才性者為「品鑒的美學」。——（按、先生在南京時，曾撰述「荀學大略」一書，於四十二年在台北出版。書分兩部分，一部分論荀子的學術，一部分是荀子正名篇的疏解。荀子尊名崇數，實具有邏輯之心智，其心靈與路數，可以說根本就是名數的。對名數之學的文化意義，輒能卓然識其大；他雅言統類、禮義之統、分位之等，善言禮與制、法之大分、類之綱紀，凡此所說，亦輒能順其理之必然而保持其系統之一貫。此雖不是名數本身之事，但卻為名數心智之所函。窮盡知性之能，光照外物之性，磨練認識之主體，貞定外在之自然，這是名數之學所表現的積極建構之精神。邏輯、數學、科學皆由此出。荀子雖只作正名篇以開其端，並未開出全部名數之學，但其心靈確是名數之心靈，其精神亦是積極建構之精神。在荀子之前，有名家之惠施與公孫龍，先生於民國五十年撰有「惠施與辯者之徒的怪說」一文，刊於香港大學「東方文化」專刊。五十二年又撰「公孫龍之名理」，共四篇，刊於民主評論。後皆重刊於鵝湖雜誌。先生有意將此兩篇專論與荀學大略合編，以「名家與荀子」為書名單冊發行。）

魏晉之名理，可分為「才性名理」與「玄學名理」。魏初之劉劭以及論才性「同、異、合、離」之傅嘏、李豐、鍾會、王廣，皆屬「才性名理系」。其所論以才性問題為主，不見有談老易之玄學者。只有鍾會稍晚，已接上王弼，亦注老、論易（見隋書經籍志），可以說是「才性名理」過渡到「玄學名理」的轉關人物。才性名理系的人，大體比較實際、校練，不似後來之虛浮，亦不稱為名士。而「玄學名理系」的人，則稱為「名士」。名士人格，唯在顯一逸氣，逸氣無所附麗，故亦無所成。名士所談者，以易與老莊為主，其言談為清言、清談，其智思為玄智、玄思，故其理為玄理，其學為玄學。這一系的人物，比較「玄遠」而有「高致」。依時間之先後，玄學名士又可分為「正始名士」（曹魏中期）、「竹林名士」（魏晉之交），與「中朝名士」（又稱元康名士，元康為惠帝年號）。正始名士以王弼、何晏、荀粲為代表，皆談論老、易。下屆竹林名士、中朝名士，所談者又從老、易轉莊子，莊學最盛。關於這一期玄學的主要內容，如：「王弼玄理之易學」、「王弼之老學」、「向秀郭象之注莊」、「阮籍之莊學與樂論」、「嵇康之名理」，以及裴頠之「崇有論」等，在先生書中，皆有專章論述，茲不及。

魏晉名理，雖若「蜻蜓點水，頭緒繁多，觸處機來，時有明悟」，但大要而言，則亦不過「才性」與「玄學」二類；而「言意之辨」中所說名言所不能盡的「意」，亦大體屬於品鑒與玄學。這是「內容真理」。而它表現的形態，則是「境界形態」，與西方哲學的「實有形態」不同。一是主觀的神會、妙用，重主觀性；一是客觀的義理、實有，重客觀性。在此玄理哲學的「境界形態」下，一切名言所不能盡的意與理（內容真理），皆是關於「主觀性本身」與「主觀性之花爛映發」所作成的「內容的體會」。此義，對於儒釋道三教所證成的最高原理，亦同樣可以適用。唯就儒家而言，它不只是主觀聖證之境界，而同時能將其所證現的仁體、通出去而建立「道」的客觀實體性。所以，順儒家性命天道的教義，可以開出主觀性與客觀性之統一。

玄學家（如王弼）只能籠統地知道聖人「體無」，而聖人教義之內在的精蘊及其核心的立體骨幹，則非彼所能知。聖人無適無莫，無意、必、固、我，無可無不可，氣象同於天地，無有絲毫之沾滯，當然已至化境；但支持這個化境的立體骨幹，則非釋老所能至。以是，光從聖人之化境與氣象，而說「聖人體無」，雖亦算是一種體會，但卻不盡，亦不恰當。聖人以仁為體，並不以無為體。魏晉人順智解的路數，以表現其種種玄解玄悟，而卻忘掉「於穆不已」之仁體，故無法了徹聖人之大德敦化本由仁體而來。將此仁抽掉，而只在外面說有無、體用、不即不離；這種形式的陳述，只表示有主觀之境界，而並無客觀之實體，只能盡境界形態，而不能達到主客觀性之統一。能深入儒聖教義之內在精蘊而握住其仁體者，是宋明儒。這是思想發展上的一大轉進。

不過，這步轉進並沒有緊隨魏晉玄學而發展完成。因為魏晉玄理引進了佛教的思想，對於這外來的文化，在中國有長達五、六百年之正式吸收與消化。這須從頭疏導。而先生在「才性與玄理」完稿之後，緊接著便開始了「心體與性體」一書的撰著。所以本文下節亦順此著作之序，先述宋明儒學，而南北朝隋唐的佛學，則移於下一階段再作介述。

三、「心體與性體」：宋明儒學的疏導與分系

「心體與性體」的撰著，自民國五十年開始，至五十六、七年間完稿，歷時八年之久，共一百二、三十萬言，分三冊，由台北正中書局於五十七年五月、十月，五十八年六月陸續出版。這是先生耗費生命心血最大最多的一部巨著。第一冊六百五十餘頁，首列綜論部，分為五章，這是最後寫成的部分。全書的基本義旨，大體具備於此。其次為分論第一部，分兩章講述周濂溪與張橫渠之學。後附錄「佛家體用義之衡定」一長文。（附錄文未盡之義，在

「智的直覺與中國哲學」以及「佛性與般若」二書中，有更進一步之論述。）第二冊為分論第二部，五百四十餘頁，分三章以疏導程明道、程伊川、胡五峰三家之學。第三冊為分論第三部，五百五十餘頁，分九章專論朱子之學。至於陸象山以下，則將另書別論。

平常講宋明儒學，都知道有程朱、陸王兩系。一般稱程朱一系為理學，陸王一系為心學。大家亦知道有所謂朱陸異同，一個道問學，一個尊德性，一個說性即理，一個說心即理。但對其中的義理關節，卻只能講一些浮泛的話，而不能作確定的判斷與分疏。至於這六百年學術發展中曲曲折折的內容，更很少有人深入去理解。一句「朱子集北宋理學之大成」的空泛儱侗之言，便使得北宋儒學步步開展的義理關節，普遍而長久地受到輕忽；再一句「陽儒陰釋」的顢頇語、鶻突話，更把宋明儒的心血精誠混抹了。一般對於宋明儒學的了解，大體都停在恍惚浮泛的層次。數十年來，雖有二三師儒提撕點示，亦時有開光醒目之言，但通貫六百年的學術，而確定其義理綱維，釐清其思想脈絡，則自先生此書始。

先生從頭疏導這一期的學術，實在煞費工夫。先擺開文獻材料，找出其中的線索，勾出各家的眉目，比觀對照，不存成見，反覆再三，纔漸漸見出其義理之必然歸趨。最後，確定北宋之周濂溪、張橫渠、程明道、程伊川，南宋之胡五峰、朱子、陸象山，明代之王陽明、劉蕺山等九人，乃是宋明儒學之綱柱。這九人前後互相勾連，在義理問題的發展上，是相銜接相呼應的。北宋諸儒，上承儒家經典本有之義，以開展他們的義理思想，其步步開展的理路，是由中庸、易傳之講天道誠體，回歸到論語孟子之講仁與心性，最後纔落於大學講格物窮理。所以他們的義理系統之開展，實繫於對道體性體之體悟。周濂溪首先「默契道妙」；

張橫渠進而貫通天道性命，直就道體言性體，而且對論語之仁與孟子之心性，亦已有相應之了解；到了程明道，以其圓融之智慧，盛發「一本」之論，客觀面的天道誠體與主觀面的仁與心性，皆充實飽滿而無虛歉，兩面直下通而為一，即心即性即天，而完成了內聖圓教之模型。濂溪、橫渠、明道，這北宋前三家所體悟的道體、性體，以至仁體、心體，皆靜態地為本體論的「實有」，動態地為宇宙論的生化之理，同時亦即道德創造之創造實體。它是理，同時亦是心，亦是神，所以是「即存有即活動」者。（活動，是就能引發氣之生生、有創生性而言）明道卒後，其弟伊川有二十年獨立講學之時間，乃依其質實的直線分解的思考方式，將道體性體皆體會為「只是理」。既然只是理，它便不是心、不是神，亦不能在此說寂感。道體的「神」義與「寂然不動、感而遂通」義既已脫落，則道體便成為「只存有」而「不活動」的理；而本體宇宙論的創生義，遂泯失而不可見。言道體如此，言性體亦然。伊川又將孟子「本心即性」析而為心性情三分，性只是形上之理，心與情則屬於實然的形下之氣。理上不能說活動，活動義落在氣（心情）上說。於是性體亦成為「只存有」而「不活動」。由於對道體性體之體會有偏差，乃形成義理之轉向。但此一轉向，在伊川是不自覺的，二程門人亦並沒有順伊川之轉向而趨，而南宋初期之胡五峰，且能上承北宋前三家之理路而發展，開出「以心著性、盡心成性」的義理間架。到此為止，伊川的轉向還只是一條伏線。但朱子出來，因其心態同於伊川，乃自覺的順成了伊川之轉向，而另開一系之義理。接著象山直承孟子而與朱子相抗。於是朱子、象山，加上五峰之湖湘學，乃形成三系之義理。到了明代，王陽明呼應象山，劉蕺山呼應五峰，宋明儒學之義理系統，乃全部透出而完成。

（用今語來說，這是表示一個「道德的形上學」之充分完成。）

依於上述之釐定，可知只分程朱、陸王二系，並不能盡學術之實與義理之全。一則平常所謂「程朱」，實指伊川與朱子，而明道變成無足輕重，此大不可。二則明道即心即性即天，其學可講性即理，實亦可講心即理；而伊川朱子則不能說心即理，故以明道與伊川朱子合為一系，在義理上有剌謬。三則五峰之湖湘學，實承北宋前三家而發展，為北宋儒學之嫡系；其「以心著性、盡心成性」之義理間架，有本質上的必然性與重要性，故明末劉蕺山雖與五峰時隔五百年，而猶呼應「以心著性」之義，而使宋明儒學得一完整之綜結。以是，先生乃作如此之判定：北宋前三家，濂溪、橫渠、明道為一組，此時未分系。以下伊川朱子為一系，象山陽明為一系，五峰蕺山為一系。後兩系到究極處可合為一大系，但亦須各自獨立了解。至於此一大系與伊川朱子系如何相通，則是另一問題。在此，我們只能說：這三系都是一道德意識下，以心體與性體為主題而完成的一個「內聖成德之學」的大系統。而先生如此分判，並非先有預定，乃是在層層之釐清中，一步步逼顯而至的。而其釐清逼顯的重要關節，是在二程與朱子：

⑴明道在宋明儒中是一大家，有極其顯赫之地位，但據宋元學案之明道學案，實在看不出明道學問之真面目，而二程遺書又多半未註明那些為明道語，那些為伊川語。於是先生乃以二程性格之不同為起點，以遺書中劉質夫所錄明道語四卷為標準，以二先生語中少數標明為明道語者為軌約，而確定出鑑別明道智慧之線索；又經再三之抄錄對勘，最後將明道語錄類編為八篇，而挺顯了明道的義理綱維。

(2)明道清楚了，伊川亦隨之而清楚，故亦類編伊川語錄為八篇，使伊川之思路朗然可見。而其所以有義理之轉向，亦確然可辨。

(3)朱子文獻最多，但其思想之成熟與真正用功的重點，是中和問題，繼之而有「仁說」，這都是在他自己苦參以及和五峰門下論辯的過程中，逐步明朗出來。先生即依據此一線索而釐定朱子學的綱領脈絡。（到朱子四十六歲與象山在鵝湖會講時，他的思想架格已定，故朱陸異同之無法歸一，實有義理上之必然性在。）同時，朱子對二程常不作分別，他把二程只作一程看。而朱子較明確而挺立的觀念，皆來自伊川。對明道之言，即說渾淪太高、學者難看，實際上是表示不滿。所以明道在朱子心中實不佔重要之地位，他所謂程子、程夫子，幾乎皆指伊川。他只繼承伊川一人，根本不繼承明道。他對濂溪、橫渠雖加以推尊，亦講述二人之文獻，但在重大的義理關節上並不相應。故世俗所謂「朱子集北宋理學之大成」，實乃後人不知學術之實的空泛之言。朱子的偉大不在集什麼之大成，而在於他思理一貫，能獨闢一義理系統。（雖然其系統並不是先秦儒家發展成的內聖成德之教的本義與原型。）

二程與朱子既已釐清而確定，其他的問題便易於解答。例如朱子何以對濂溪、橫渠未能有真實相應之了解？何以對明道無所契會？何以反對謝上蔡以覺訓仁？何以批駁五峰門人並對五峰之「知言」作八端致疑？又何以不能正視象山之孟子學，反而攻其為禪？朱子何以有這許多異議與誤失？其實，朱子本人的思想很清澈而一貫，又精誠而用功，他不會有很多錯誤。朱子的差失或不足處，只在順承伊川而對道體性體之體會有偏差：體會為「只存有而不活動」。道體方面體會為理氣二分，道體只是理，而寂感、心、神都屬於氣；在心性方面，心與性為二，性即是理，而心屬於氣，故心與理亦為二。以是，他所不解、誤解而加以反對者，皆是將道體、性體、仁體、心體，體會為「即存有即活動」者。換言之，凡是屬於本體宇宙論的立體直貫型之義理，朱子皆不能欣賞而一律加以揮斥。由於對道體性體以及仁體心體之體會有不同，在道德實踐上，亦遂脫離宋明儒大宗的「逆覺體證」之路，而順承伊川「涵養須用敬，進學則在致知」二語，開出了「靜養動察」「即物窮理」的工夫格局。在他之前以及與他同時的人，都和他有關涉，在他之後的如王陽明，則出而反對他（這亦是關涉）；所以，朱子實乃宋明儒學之重鎮，是一個四戰之地，他是義理問題的中心或焦點。但以他為中心，可；以他為標準，則不可。元明以來，朱子之權威日漸形成，至於清而益厲。於是天下人甚至「輕於叛孔而重於背朱」（借陽明語），此皆以朱子為標準之過。結果是，人人述朱而不得朱子學之實義，人人尊朱而不識朱子之真價值。連帶的對全部宋明儒學，亦少有相應之認識。三百年來，宋明儒學之所以難索解人，這亦是一大關鍵所在。

四、「從陸象山到劉蕺山」：陸王系之發展與蕺山之結穴

「心體與性體」三大冊只講到朱子。陸象山以下，思想脈絡較簡明，且不涉及文獻問題，故未亟予寫出。唯早在民國三十六、七年間，先生即已撰成「王陽明致良知教」一長文，分期發表於「歷史與文化」雜誌，並於四十三年在台北出版單行本。四十五年又發表「陸王一系的心性之學」、「王龍溪的頓教：先天之學」、「劉蕺山的誠意之學」等三文於

香港「自由學人」。之後，「心體與性體」出版，先生感到以前所寫之「王陽明致良知教」與陸王心性之學各文，尚有欠諦當之處，乃先後撰寫「王學之分化與發展」、「致知議辯疏解」兩文，發表於新亞書院六十一、六十二年之學術年刊。六十五年又寫成「江右王學」之疏導一文，此三文皆講王學，前加陸象山章，後加劉蕺山章，即可合成一書，列為「心體與性體」第四冊。唯先生之意，此書與前三冊時隔十年，又另印別行，乃決定換一書名為「從陸象山到劉蕺山」。

現此書尚未印出，在此，只能略述其分章之大意。首章以疏解陸象山之文獻為主，藉以挺顯象山學之基本義旨。次章疏導「象山與朱子之爭辯」，此文已於五十四年分期發表於「民主評論」。第三章為「王學之分化與發展」。陸王皆孟子學，皆是一心之朗現、一心之申展、一心之遍潤。這是「由道德的本心即性之引生道德的純亦不已，而頓時即至本體宇宙論的立體直貫型之義理」之最簡易直截的表現形態；由象山至陽明，而達於最圓熟的境界。此章首先分七大端以綜述陽明學之基本義旨。次論王學之分派：㈠「浙中派」以王龍溪為代表。龍溪對陽明之主張，皆遵守而不渝，他專主陽明而不參雜宋儒之說，可說是陽明之嫡系。㈡「泰州派」以羅近溪為代表。王學發展到近溪，只剩下一「玩弄光景」之問題，而如何破除光景以使知體天明能具體而真實地流行於日用之間，乃成為歷史發展之必然，近溪則承當了此必然，故其學問風格亦專以此為勝場。㈢「江右派」。此派並無統一之論旨，先生乃單提對致良知教倡異議之聶雙江、羅念菴二人之說，而加以點撥澄清，以明其不得為真王學。第四章疏解「致知議辯」。這是王龍溪與聶雙江辯論良知教之文獻輯錄，乃王門中極其重要的辯論。凡九難九答，先生皆一一加以疏通，藉以了解龍溪之造詣與雙江異議之不諦，並以確定陽明學之本色。第五章疏導江右王門演變發展之路向。江右派人物最多，聶、羅二人乃私淑弟子，對陽明講學之宗旨並不真切；能承續師門之學而不墜失者，是親炙弟子鄒東廓、歐陽南野與陳明水等人。另有劉兩峰、劉師泉，兩峰亦能守師說，但晚年卻又說「雙江之言是也」。而師泉與兩峰之弟子王塘南，則欲向性體奧體（所謂性宗）走，而開啟了脫離王學（心宗）之機；雖有扭曲而未能成熟，但實可視為劉蕺山思路之前機。第六章講述劉蕺山之學。龍溪與近溪雖能順王學而調適上遂，但走二溪之路，若無確切之理解與真實之工夫，亦可有病。但這病只是「人病」，而非「法病」。就王學下之人病（所謂虛玄而蕩、情識而肆）而重新消融王學，以獨成一系之義理者，則是明末之劉蕺山。

蕺山鑑於良知呈現，一體平鋪，不免有顯露之感（良知教亦本是顯教）；又因良知天生現成，人或不免看得太輕易；所以嚴分「意」與「念」（意，是心所存主而不逐物者；念，是心之所發、逐物而起者），攝知以歸意，將良知藏於意根誠體，以緊吸於性天。如此，纔可以保住良知本體之奧秘性，使人戒懼慎獨，而有「終日乾乾，對越在天」之象。此即蕺山消融王學以救治王學末流之弊的用心所在。復次，蕺山的誠意慎獨之學，是直接本於中庸首章與大學誠意章而建立。陽明之良知教是由格物窮理而內轉，而蕺山誠意教之攝知於意，則又就致良知之內而再內轉，此之謂「歸顯於密」。此意根誠體（亦曰獨體）是心體，亦是性體。而「性體即從心體中看出」。⑴從性體看獨體，是獨體之「在其自己」，表示性體之自存。⑵從心體看獨體，是獨體之「對其自己」，表示性體通過心體而呈現、而形著。故蕺山日「性非心不體也」。又曰「此性之所以為上，而心其形之者歟」。此明顯地是「以心著性」之義。⑶性體通過心體而呈現而形著，心體性體通而為一，此便是「在而對其自己」。以心著性，性不可離心而見，故心宗性宗合而為一。如此，則「性體」得其具體化真實性，而不失其超越奧秘性；「心體」向裡收（攝知於意），向上透（與性為一），既見其甚深復甚深之根源，而亦總不失其形著之用。故工夫只在誠意慎獨以斷妄根，以徹此性體之源。

宋儒之學，至南宋開為三系，朱陸兩系繩繩相繼，傳續不絕；而五峰的湖湘之學則一傳而止，直到五百年後，纔有蕺山出而言此形著之義，二人一頭一尾，完成一系之義理。而宋明六百年之學術，亦到此結穴，而完成了它發展的使命。

第五階段：新知培養轉深沉

魏晉玄學、南北朝隋唐佛學、宋明儒學，這三個階段的學術，現在說來都是古學或舊學。古與舊，是由於時間因素而加上去的顏色，而學術真理（尤其內容真理）本身，則是萬古常新的，實無所謂古今之異，亦無所謂新舊之分。「商量舊學」即所以「培養新知」。尤其在古學舊學沉埋泯失的時代，更是如此。所以，上文所述的魏晉玄學與宋明儒學，是舊學，同時亦是新知；玄學、儒學如此，佛學亦然。另如康德之學，就中國此時對它的了解吸取而言，是新知，但康德亦是十八世紀的人，在西方亦已是一、二百年以前的古學舊學了。因此，講述康德，亦仍然是「商量舊學以培養新知」。至於本文將「舊學商量」、「新知培養」二句分別用為兩個階段的標題，雖亦可以略示先生六十以前與六十以後學思工夫之所重，與學問境域之開拓升進，但這二個階段，實際上是在綿綿穆穆的學術意識中相續進行，而並不是截然可分的。

一、「佛性與般若」：詮表南北朝隋唐之佛學

民國五十七年夏，先生來台校對「心體與性體」二、三冊；秋天返港，即著手撰寫「智的直覺與中國哲學」一書；完稿之後，又在周甲還曆之歲（民國五十八年），開始撰著「佛性與般若」以詮表南北朝隋唐一階段之佛學。全書於六十四年完稿，六十六年六月由台北學

生書局出版，共一千二百餘頁。書分三部，第一部綜述綱領，共四章。第二部，分六章以論述前後期之唯識學，以及起信論與華嚴宗。第三部列為下冊，專講天台宗，分為二分。第一分為天台圓教義理系統之陳述，共四章。第二分為天台宗之故事，共五章。

先生以中國哲學史的立場，疏導佛教傳入中國以後的發展，並從義理上審識比對，認為天台圓教可以代表最後的消化，依著天台的判教，再回頭看看那些有關的經論，先生乃確然見出其中實有不同的分際與關節。順其判釋的眉目，而了解傳入中國以後的義理之發展，將其中既不相同而又互相關聯的關節展示出來，這就是先生撰著此書的旨趣。

「般若」與「佛性」兩個觀念，是全書的綱領，般若是共法，行於一切大小乘，但他本身卻不是小乘，亦不是大乘，亦不足決定大小乘之所以為大小乘。雖然般若是在不捨不著的方式下具足一切法，但只是水平的具足，而不是豎立的具足，所以這並不表示一切法皆以般若為根源、由般若而生起。般若只是一「融通淘汰」之精神，依此而言，般若只是一「蕩相遣執」之妙用，以使一切法皆歸實相。而事實上它並沒有積極的建立，所以沒有系統相。凡成系統，必須對一切法之來源有說明，而般若根本不負這個責任。

系統之不同，繫於佛性與悲願。「佛性」觀念之提出，是在於說明：成佛之所以可能、與依何形態而成佛方為究竟？佛性，可由佛格（佛之性格、體段）與因性（正因、緣因、了因）而了解。(1)小乘想通過解脫而成佛，既成佛，自有佛格之佛性，但無因性之佛性觀念。加上只自度而未能度他，悲願不足，故為小乘。(2)有悲願而不捨眾生，但若只是功齊界內，智不窮源，則並不真能達於無限之境，而佛格佛性亦未能至於遍滿常之境。於此說大乘，只是具有相對大的悲願而已。(3)徹法之源而至於無限之境，由此以言三因佛性之遍、滿、常，此即所謂「如來藏恆沙佛法佛性」一觀念。必須進到「恆沙佛法佛性」，纔能即九法界而成佛，這纔是成佛的圓滿形態。（唯此中又有第一序上說的別教，與第二序上說的圓教之不同。）

中國吸收佛教是從般若學開始，般若學的真精神，自鳩摩羅什來華而大白於世。但般若是共法，中觀論之觀法亦是共法，乃大小乘所共同者。就是緣起性空，亦是通則、通義，大小乘皆承認。故般若學之思想，並不決定義理之系統。另外一面是唯識學。中國方面對於唯識學的吸收，是始於地論師。地論師以講世親早年作品十地經論而得名。就世親本人而言，其晚年成熟之思想（即玄奘所傳之唯識學），不但不以阿賴耶識為真淨，而且根本不說如來藏自性清淨心。他的佛性論雖講如來藏，但偏於理言，不偏於心言（故說真如理，不說真如心）。然而他早年的地論，則明說「自性清淨心」。這如來藏自性清淨心是否可以說為阿賴耶識？地論中並無明文表示。於是，阿賴耶是否為真淨的爭論，乃使地論師分裂而為北道與南道兩派。先生認為，地論思想的成熟歸宿，應該是向北道派走，即阿賴耶識為妄，不是自性清淨心。而北道派之地論師以及後來之攝論師（以講無著之攝大乘論而得名）的最後成熟之歸宿，則是大乘起信論。在這演進發展的過程中，有一個關鍵性的人物，他就是攝論師真諦三藏。真諦翻譯無著造、世親釋之攝大乘論，參入自己的思想而多有增益。就翻譯而言，自不夠忠實。攝論是「賴耶依持」之妄心系的基本論典，真諦假譯事之便，而注入「真如依持」之真心系的思想，轉八識為九識，而立阿摩羅識（淨識）為第九識。但講阿摩羅識又不如直接講「自性清淨心」。所以真諦之九識義，只是過渡到起信論的方便之言。起信論標為馬鳴造，真諦譯，實際上即是真諦之思想，由攝論師與北道之地論師合作而成。（印度無此論，後由玄奘倒譯為梵文。但如來藏真心之思想，則已見於勝鬘夫人經、楞伽經、密嚴經。）

地論師與攝論師，可統名曰：前期唯識學。後來玄奘重譯攝論，力復原來之舊，是即一般所稱之唯識宗，可名之曰：後期唯識學。（前後期之分，以其傳入中國之先後為準。）後期唯識學是阿賴耶系統，前期唯識學則為如來藏系統。阿賴耶緣起是經驗的分解或心理學意義的分解，如來藏緣起是超越的分解；順分解之路往前進，至華嚴宗已到了盡頭，成為順唯識系而發展的最高峰。華嚴宗判教，以「別教一乘圓教」自居，同時又承認天台宗為「同教一乘圓教」。結果圓教中出現二個形態，而各圓其圓。這表示華嚴的判教有不盡。因為真正的圓教只有一、而無二三。而且圓教必不能走分解的路。分解是第一序上的分別說，有系統相，凡系統皆是可諍法，可諍則不得為圓。所以真正的圓教，仍當以天台圓教為標準。

關於天台之判教，先生曾詳加疏通而有若干調整。其中的原委，須看原書，茲不及詳。天台宗宗法華經，但法華經並沒有第一序上分別說的教義與法數，它的問題只是第二序上的開權顯實，發跡顯本。開，是決了義。它決了一切權教而暢通之，使之皆歸於實。天台圓教便是相應法華之「開權顯實，皆歸佛乘」而建立。為了要表達這個佛乘圓教，它必須依法華經所謂「決了聲聞法」而決了一切分別說的權教。

(1)它決了藏教與通教而暢通之，使之不滯於六識與界內。
(2)它決了始別教阿賴耶而暢通之，而不分解地說阿賴耶緣起（妄心系統）。
(3)它決了終別教如來藏自性清淨心而暢通之，而不分解地說如來藏緣起（真心系統）。

它經過這一切決了，而說出「一念無明法性心」即具十法界。此「一念無明法性心」，從「無明」方面說，它是煩惱心、陰識心，它當然是妄心；但天台圓教卻不分解地「唯阿賴耶」。從「法性」方面說，它就是真心，但天台圓教卻不分解地「唯真心」。此即所謂決了一切分別說的權教，而成圓教。

華嚴宗是承廣義的唯識學中之真常心系，而建立的「性起」系統。（性起之性，指「如來藏自性清淨心」而說，此即所謂「偏指清淨真如」或「唯真心」。）天台宗是承般若實相學而進一步，通過「如來藏恆沙佛法佛性」一觀念，依據法華開權顯實，而建立的「性具」系統。（性具之性，是就「一念無明法性心」而說。通過詭譎的方式，(1)念具即是智具，念具可以說緣起，而智具不可說緣起，以智非生滅法、非緣起法故。(2)無明具即是法性具，無明具可以說緣起，以無明即一念心故；法性具則不可說緣起，以法性是空如理或中道實相理，而非心法，無所謂起與不起故。以是，只說「性具」而不說「性起」。）兩者同是系統，而建立之方式則不同：華嚴宗是分解的方式，天台宗是詭譎的方式。凡依分解的方式說，便是權教，因而亦是可諍者。故天台判華嚴為別教而非圓教。所謂「別教一乘圓教」，仍非真圓教。天台圓教依詭譎的方式說，雖亦是一系統，而並無系統相。因此為圓實、為無諍。以圓實無諍為經，般若無諍為緯，交織相融而為一，此即天台圓實之教。

除了天台之「性具」，華嚴之「性起」，還有禪宗之「性生」。六祖惠能說「何期自性能生萬法」，此「自性生萬法」亦云「含具萬法」，故「生」是含具義、成就義。（不能直解為生起義。天台、華嚴、禪，皆不得說為「本體論的生起論」。）先生認為，六祖這種不甚嚴格的漫畫式的說法，類於「性具」圓教，而不類於「性起」別教。而六祖弟子神會講「靈知真性」倒是相應性起別教之禪，故圭峰宗密得以與華嚴宗相會而言禪教合一。禪宗教相不明（只重禪定之修行），若欲判攝禪宗，則「惠能禪」屬天台圓教（法登述圓頓宗眼，即旨在籠絡禪宗）；而「神會禪」屬華嚴宗之別教圓教。

二、「智的直覺與中國哲學」：疏導基本存有論的建立問題

民國五十七年，先生偶讀海德格的「康德與形上學的問題」、「形上學引論」二書，發現海德格建立存有論的路並不通透，對形上學的層面亦有誤置，因而引發了撰著「智的直覺與中國哲學」之動機。此書不一年而完稿，六十年三月，由台北商務印書館出版，全書分二十二章，共三百八十餘頁。

先生寫此書的動機，雖由讀海德格之書而引起，而關聯先生自己的著作而言，則一方面是上接「認識心之批判」而進一步疏解康德的原義；另一方面是作為「心體與性體」綜論部討論康德的道德哲學之補充。

「認識心之批判」一書的重點有二方面：(1)是著重於數學的討論，把數學從康德的「超

越的感性論」中提出來，依據近代邏輯與數學的成就，而給予先驗主義的解釋；⑵是就知性的自發性說，單以知性所自具的邏輯概念為知性的涉指格，並指述這些涉指格所有的一切函攝，以代替康德的範疇論。如今，先生對於範疇論這一方面謙退一步，承認知性的概念可以分兩層論，一是「認識心之批判」書中所論的邏輯的涉指格，一是康德所論的存有論的概念（體性學的概念，即範疇）。先生認為，假如單就邏輯的判斷表，實不能直接發見出知性自具的存有論的概念；但我們的知性活動，卻可以順這些判斷表以為線索，再依據一個原則，先驗地（但卻是跳躍地）對存在方面有所要求、提供，或設擬。就在這要求提供設擬上，我們可以承認存有論的概念之建立是合法的。康德把這要求、提供，設擬，說成知性所自具或自給；說得太緊煞了，遂使人生厭生誤解。如今鬆動一下，分開來說，⑴知性之主動自發性所自具的，只是邏輯概念；⑵而存有論的概念，只是知性之自發性對於存在方面之先驗的「要求、提供、或設擬」。（康德所謂的自給，實即這要求、提供、設擬的自給，但他卻說成自具的自給。）先生依於此意，重新疏解康德之原義，改換辭語予「先驗的綜和判斷」以更明確之規定，並剝開因措辭不善巧而形成的煙幕，而使之更順適妥貼，較能浹洽人心。如此，則康德純理批判「超越的分解」部中之「超越的推述」與「原則底分析」，皆可以全部不成問題。這就是先生繼「認識心之批判」之後，對康德所作的進一步的疏解。

再進一步，先生又著重於「超越的統覺」、「超越的對象X」、「物自身」、「作為超越理念的自我」、「智的直覺與感觸直覺之對比」等之疏導。這是向形上學方面伸展的純粹哲學的工作。而「認識心之批判」是向邏輯數學方面伸展，那時，先生對於康德哲學向形上學方面伸展的一套，尚未真切的注意，這亦是由於康德自己不承認人可有智的直覺，把「物自身」只看做消極意義的限制概念，故別人亦多加忽視。近年來，先生覺得這裡不容輕忽。康德雖不承認人可有智的直覺，但他的書中卻處處以智的直覺與感觸直覺對比而言，則其意義與作用之重大可知。只是西方傳統的限制，所以雖以康德的智思亦無法覺其可能。但如果人真的不能有智的直覺，不但全部中國哲學發生動搖，就是康德本人所講的全部道德哲學亦將成為空話。這個影響太大，非人心所能安。然則如何可能呢？先生以為，必須依中國的哲學傳統來建立。亦以此故，先生特名其書為「智的直覺與中國哲學」。在「心體與性體」綜論部，是就康德「道德底形上學之基本原則」一書而作討論，康德在該書中未用「智的直覺」一詞，故先生亦未提及。今於此書真切地加以講論，正可作為「心體與性體」綜論部討論康德的道德哲學之補充。

先生此書，涉及康德的地方，是就自己所譯的原文（據士密斯英譯本）加以疏導。而關於抉發中國哲學所含的智的直覺之意義，則徵引儒、釋、道三家之文獻，就⑴儒家之「本心仁體之誠明、明覺、良知，或虛明照鑑」（德性之知），⑵道家之「道心之虛寂圓照」（玄智），⑶佛家之「觀照即空即假即中之實相的般若智」，及其展示一圓教之典型，以詮表中國三大教的「智的直覺」義。先生認為，智的直覺不但在理論上必須肯定，而且是實際地必能呈現。如此，則中國哲學可以「哲學地」建立起來，而且康德自己所未能真實建立的，亦因此而可以客觀地真實地建立起來。

先生由康德的批判工作接上中國哲學，進而開出「基本存有論」的建立之門路：從本心、道心，或真常心處建立。⑴本心、道心、真常心，是「實有體」；⑵實踐而證現這實有體，是「實有用」（本實有體而起用）；⑶成聖、成真人、成佛以取得實有性（即無限性），這便是「實有果」（本實有體起實有用而成的果）。這「體、用、果」便是「基本存有論」的全部內容。先生又謂，不講形上學則已，如要講，便只能就康德所說的「超絕形上學」之層面，順其所設擬的（物自身、自由意志、道德界與自然界之溝通）而規畫出一個道德的形上學，以智的直覺之可能來充分實現它。所以，「基本的存有論」只能就道德的形上學而建立。（若擴大概括佛道二家，則可說就實踐的形上學來建立。）而海德格卻從康德所說的「內在形上學」（域內形上學）之領域以建立他的存有論，把存有論置於時間所籠罩的範圍內（故有「實有與時間」一書之作），他要拆毀柏拉圖以來的西方傳統之存有論史，而恢復柏拉圖以前的古義，而事實上，這是形上學層面之誤置。他的入路是「存在的入路」，他的方法是「現象學的方法」。存在的入路有可取，但現象學的方法則不相應。所以先生認為他建立存有論的路是不通透的。康德曾作「形上學序論」，海德格改作「形上學引論」，先生此書則仍歸於康德，並順其「超絕形上學」之領域，而開出康德所嚮往而卻未能建立的「道德的形上學」。所以，此書所代表的方向，是值得當代（西方）哲學界借鏡、審識而慎取的。

三、「現象與物自身」：判教與融通，哲學原型之朗現

在「佛性與般若」撰著期中，先生因著講授知識論一課的機緣，想將平素所思作一系統

的陳述，於是一面口講，一面筆寫，時閱八月而完成「現象與物自身」一書（時為民國六十二年）。這是先生寫得最快的一部書，但卻是四十餘年學思工夫蘊積而成。這部書，可以說是先生思想的綜結。全書分七章：⑴問題的提出；⑵德行的優先性；⑶展露「本體界的實體」之道路；⑷由「知體明覺」開「知性」；⑸對於「識心之執」之超越的分解：知性底形式簇聚之「邏輯概念」之超越的分解；⑹知性的形式簇聚之「存有論的概念」之超越的分解；（此章並附錄：經驗的實在論與超越的觀念論釋義）；⑺「執相」與「無執相」之對照。只計四百七十頁，六十四年八月，由台北學生書局出版。

此書的內容，是以康德的「現象」與「物自身」之分為中心，而以中國的傳統哲學為說明這個問題的標準。康德說我們所知的只是現象，而不是物自身；現象是感觸直覺的對象，物自身則是智的直覺之對象，而智的直覺又屬於上帝所有。又說上帝只創造物自身，而不創造現象。這樣的點示，當然有一種洞見在內。但我們不能由這輕描淡寫的點示而了徹物自身的確義，因而現象與物自身之分永遠不能明確穩定，而康德系統內部的各種主張亦永遠在爭辯中而不易使人信服。近十多年來，先生重讀康德，而且翻譯了「純粹理性批判」與「實踐理性批判」；在譯述的過程中，正視了康德的洞見之重大意義，亦見到知性之存有論的性格之不可廢，並依據中國的傳統，肯定「人雖有限而可無限」，「人可有智的直覺」。由中國哲學傳統與康德哲學之會合而激出一個浪花，乃更能見出中國哲學傳統之意義與價值，以及其時代的使命與新生，並由此而看出康德哲學之不足。於是而有此書之完整通透的系統的陳述。至於「智的直覺與中國哲學」，則是此書之前奏。先生自謂，「步步學思，步步糾正，步步比對，步步參透」，參透到此書寫成，而後覺得灑然。

一般講康德的人不能正視他的洞見，而康德限於西方的傳統，亦未能把自己的洞見予以充分的說明與證成。先生以為，在西方傳統的限制中，康德能有此洞見，已經很卓越了。洞見之發，是他個人靈光之閃爍；一旦發出，它就是一個客觀的義理問題，亦可以說是聖哲生命之所共契。先生依於中國之哲學傳統，先由人的道德意識顯露一「自由無限心」，由此而說「智的直覺」。自由無限心，是道德的實體，由此開「道德界」；它又是形上的實體，由此開「存在界」。這存在界的存在，即是「物之在其自己」（物自身）之存在。「物之在其自己」這個概念是一個有價值意味的概念，而不是事實的概念；它就是物之本來面目，物之實相。我們由這「自由無限心」之開存在界，而成立一個「本體界的存有論」（亦曰：無執的存有論）。對於「自由無限心」的意義與作用，有了清楚而明確的表象，則對於「物之在其自己」的真實意義，亦可有清楚而明確的表象：它是一個「朗現」，不是隱晦的彼岸。先生這一部工作，是依儒家孟子學的傳統之「了義」，來融攝康德的道德哲學。（因為康德對道德概念之分析不盡、不穩，所以必須依「了義」，而不可依「不了義」。）

進一步，再由「自由無限心」開「知性」，這步開顯，先生名之曰「知性之辯證的開顯」。知性、認知主體，是由「自由無限心」（知體明覺）之「自我坎陷」而成。知性本質上就是一種「執」，它執持自己而靜處一邊。成為認知主體；同時亦把「物之在其自己」的物，推出去而視之為對象，因而亦成為現象。所以，「現象」根本是由「知性之執」而執成的；即，就「物之在其自己」而縐起或挑起的。知性之執，依隨佛家亦可名曰「識心之執」。識心是通名，知性、想像，以及由感性所發的感觸直覺，則是識心之不同的形態。識心之執，從其知性形態之執執起，直執到感性而後止。由此而成立一個「現象界的存有論」（亦曰：執的存有論）。現象之所以為現象，在此得到確定的規定：對無限心（智心）而言，為物自身；對認知心（識心、有限心）而言，為現象。「現象」與「物之在其自己」的特殊義，皆已確定而不動搖，則兩者之間的超越區分，亦充分證成而不搖動。物之在其自己（物自身）永遠不能為識心之執的對象，識心之執永遠不能及於它，所以它是「超絕的」。先生這一部工作，是以佛家之「執」的觀念，來融攝康德所說的「現象界」，並以康德純理批判一書之分解部來充實這個「執」。（因為佛家言識心之執是泛心理主義的，重在說煩惱，認知主體不凸顯，故須假康德以充實之。）

對「自由無限心」而言，而有「無執的存有論」；對識心之執而言，而有「執的存有論」。後者以康德為主，前者以中國的哲學傳統為主。儒釋道三家同顯無限心，而無限心不能有衝突。因此，良知明覺、如來藏心，以及道家的道心，皆不容相礙；而教之入路不同所顯示的種種差別，亦可互相融和，相容而不相礙；這是這個時代所應有的「判教與融通」。（判、分判義，即安排之意。）先生這部工作，是「依法不依人，依義不依語」，以作「稱理而談」的融攝。這必須對中國的哲學傳統有確定的了解。而先生此書的綜述，則是以「才性與玄理」、「佛性與般若」、「心體與性體」三書為根據。

凡是一個大教，都是一個客觀的義理系統，都是聖哲智慧的結晶。道家以「玄理、玄智」為主，佛家以「空理、空智」為主，儒家以「性理、性智」為主。先生認為，無論玄智、空智、性智，都是自由無限心的作用。人人皆可體現自由無限心以上達天德，這是儒、釋、道三教之所同。但在耶教則較特別。他們不承認人能上達天德，認為這裡不是人的事，而是上帝差遣的事。但這只是耶教後來的講法，耶穌本人並不如此著實。即使耶穌亦如此著實，我們仍可把耶穌的生命看成「即有限而成為無限」者。如是，則人人皆可以成為耶穌（猶如人人皆可成聖、成佛、成真人）。須知上十字架只是一個特殊的遭遇，那個特徵並沒有必然性。所以從理上究竟地言之，看做是「人的事」實較順適。如此，便是基督教的開放，開放為人人皆可以上達天德，可以「即有限而成為無限」者。上帝內在化即是無限心，無庸非議。（蓋眾生機宜不一，聖人設教，亦本有多途。）但自由無限心只表現為人格神，而不能內在化而為吾人之體，這裡便顯出主體與客體之隔離，此便是「證所不證能，泯能而歸所」之離教。離則不相盈，所以不是圓盈的究竟。無限心必須內在化而為吾人之體，纔能契接「慎獨」這一樞紐，而使人人有分，這纔可以達到圓盈之教。

「慎獨」是儒家的說法，佛家則說修止觀，道家則說致虛守寂。這種種說法，皆表示通過自己的實踐，可以朗現無限心。所以皆是圓盈之教：(1)「盈」有正盈與偏盈：儒為正盈，能獨顯道德意識以成己成物。佛老是偏盈，只遮顯空無以求滅度或求自得。正可備偏，偏不備正，所以偏盈還不能達到究極之圓。(2)「正盈」中亦有圓與不圓：就宋明儒言，周、張、明道、五峰、蕺山以及陸、王，皆為圓盈；伊川與朱子則為不圓之正盈。(3)「偏盈」中亦有圓與不圓：佛教之空宗是通教，唯識宗是始別教，起信論是終別教，華嚴宗是別教之圓教，唯天台是真圓教。道家之老莊，大端皆可至於圓，無甚差別，但在言詮上，莊子之「調適而上遂」則顯得更圓。(4)相應離教而言，康德近乎正盈而未至。（一因未能依自由意志透顯無限心，二因不承認人有智的直覺，三因意志自由、靈魂不滅、上帝存在，皆為設準，而又不能通而為一。）

先生此書，依正盈之智慧方向，融攝康德，會通偏盈，以建立各系統統一之軌轍。(1)融攝康德，是吸收其分解部以成俗諦（開立知性，以成就科學知識）；就此而言執的（現象界的）存有論，這是相應識心之執而言。(2)會通偏盈，以知體明覺之感應無外為準，會通般若與玄智以成真諦（建立上達天德之路以成聖成佛成真人）；就此而言無執的（本體界的）存有論，這是相應知體明覺之感應無外而言。哲學家依據各聖哲之智慧方向、疏通而為一，以成就兩層存有論，並通而為一個整一的系統（哲學原型）。這是「哲學家」最積極，亦是最高的使命。為明此義，先生在此書最後一節，引述了康德純理批判一段話，而又比康德更積極地舉述了「去決定哲學之所規定者」的路數。共有七端，大旨如此：

1.康德在理想中所思議的教師，唯一堪被稱為哲學家者，我們可以舉孔子作代表。在此，上帝已轉化為無限心，開出了「人人可以為聖人」的通路。

2.哲學之原型（哲學之宇宙性的概念）不能永遠停在哲學思考者的籌畫卜度中，必須在一聖人的生命中朗現。能體現而「人化」這個原型的，就是我們所依以決定這哲學原型的那個聖人。

3.依聖人之盈教所決定的哲學原型，不過就是兩層存有論（這是「人類理性底兩層立法」之展露）；將兩層通而為一，即是決定哲學原型唯一的真正途徑。

4.這唯一的真正途徑，以儒家的正盈教為主，旁通偏盈的道家佛家以及離教的耶教，而為一。耶教雖然有宗（以上帝為宗）而無教（無實踐的道德進路以通之），但它不能自外於盈教，盈教亦不必外之。

5.如果哲學原型可以由聖人的生命而朗現，而我們亦依聖人之朗現而規定此原型，則此原型乃是具體地存在的，因此亦是可學的。「學者，覺也」。所謂「覺」，即是以自家的真誠心，與聖人的生命以及那個哲學原型、存在地相呼應相契入之謂。

6.如是，我們只有一個哲學原型，並無主觀的哲學可言。但一切不同的哲學亦不礙於哲學原型之為定然而不可移，亦皆可融攝於哲學原型中而通化之。因為「哲學就是一切哲學知識之系統」。

7.哲學原型雖就盈教而立，然而一旦付諸「實踐」，則不僅無主觀哲學可言，亦無哲學原型可言。此時，哲學無哲學相，而只是在與聖者生命智慧相呼應中，表現而為上達天德之踐履；並在此踐履中，如如證悟與如如朗現無限心。然而，就人生覺悟之事而言，「創造即重複，重複即創造」，每個人都要從頭來。以是，「學不厭，教不倦」，各種專題哲學必須有，千差萬變的主觀哲學亦不可免，而哲學家亦必須不斷地予以昭明，而不容使之沉晦：此之謂「法輪常轉」。

在「學思」的領域中，到此已通達究竟，更無剩義。本文的介述，亦暫止於此。

四、補記：「譯述」「譯註」與「講錄」

「譯述」，是先生歷年應約或應教學之需而作；而對於康德各書的「譯註」，則是先生六十以後認真從事的工作。先生曾說：翻譯之事，最適於老年。此時學思較熟練，識見較明透，加之心情鬆閒，從容舒坦，邊看邊譯，隨譯隨解，字斟句酌，煞有味也。

甲、譯述：

㈠、羅素「萊布尼茲哲學之疏導」
民國三十四年任教中央大學時譯，未發表。

㈡、聖多瑪「神學總論」選譯
民國三十六年任教金陵大學時譯，未發表。

㈢、「存在主義底義理結構」
民國四十四年，譯自萊因哈特「存在主義之反抗」。譯文油印，講於「人文友會」，後發表於「民主評論」。

㈣、懷悌海「主體事與客體事」
民國四十五年，譯自「觀念之冒險」一書之第十一章。譯文油印，講於「人文友會」。

㈤、黑格爾「權限哲學引論」
民國四十五年譯，油印，講於「人文友會」。

㈥、黑格爾「歷史哲學」譯述
民國四十五年，編入「黑格爾論文集」。
㈦、「印度六派哲學：吠檀多」
民國四十六年任教於東海大學時譯，未發表。

乙、譯　註：

㈠、康德：「道德底形上學之基本原則」
依據阿保特英譯本，於民國五十三年完稿，待印。
㈡、康德：「純粹理性批判」
依據士密斯英譯本。先生翻譯此書，與「佛性與般若」之撰著，相間而行，開始於民國五十九年，完稿於六十五年，而註解之工作，現尚在陸續進行中。
㈢、康德：「實踐理性批判」
依據阿保特英譯本，於民國六十一年完稿。註解之工作，尚在進行中。

丙、講　錄：

㈠、「生命的學問」
民國五十九年九月，台北三民書局出版。此書所輯錄者，乃先生三十八年來台後所寫之短篇文字。各文題旨雖有不同，而實有一中心觀念貫注其中，是即提高人之文化意識，點醒人之真實生命，開發人之真實理想。故青年有志於學者，宜當先讀此書。

㈡、「人文講習錄」

民國四十三年至四十五年，先生在台北主持人文友會，每兩週聚會一次。其講詞輯為「人文講習錄」，前半曾分期發表於香港人生雜誌。原先本有輯印成書之議，後以先生諸書陸續而出，回視當初所講，不免簡略欠周；加以既有「生命的學問」一書，亦足供接引青年初學之需，故此錄出版之議遂寢。（今按、現已輯錄成書，即將由學生書局印行。）

㈢、「中國哲學的特質」

民國五十一年，先生應香港大學校外課程部之約，分十二次主講中國哲學之特質，其講錄於五十二年由人生出版社輯印為單行本。現由台北學生書局重版發行。

㈣、「宋明儒學綜述」

民國五十二年，香港大學再約請先生在校外課程部主講宋明儒學，亦十二次。其講錄發表於「人生」「民主評論」二雜誌。後以「心體與性體」既出，故先生不復將此講錄輯印成書。

第六階段：學思的圓成

——七十以後的學思與著作

民國六十七年，曾撰一長文，分五階段敘述牟先生的學思歷程與著作。明年（民國七十八年）孟夏，先生八十整壽，碩學耆年，邦國之珍。而尤足令人感奮者，先生七十以後，猶然學思緜穆，與時俱進。其哲思慧解既日益清明而透徹，而性海仁智復益發融通而圓成。茲仍就一己之所知，謹將先生最近十年來之學思與著作，分六節簡述於後。（附按：下文各節之分述，並不全以諸書出版之先後為依據，而實以學思之內容為理序。又，此第六階段第一節之丙、「康德判斷力之批判」三千言，乃民國八十四年一月所補述。）

一、康德批判書之譯註：通中西文化之郵的最佳橋梁。

甲、「康德純粹理性之批判」：展現「哲學名理」知識層之實。

乙、「康德的道德哲學」：會歸「教下名理」實踐層之實。

丙、「康德判斷力之批判」：真美善之分別說與合一說。

二、維氏「名理論」之中譯，以及重印「認識心之批判」：另一系西哲思想之吸納與消化。

三、「中國哲學十九講」：中國哲學之簡述及其所涵蘊之問題。
四、「中西哲學之會通十四講」：哲學心靈的比對與融通。
五、「圓善論」：哲學系統之究極完成。
六、附記與補述：
甲、「時代與感受」：感通無隔的怵惕惻隱之心。
乙、「周易的自然哲學與道德函義」：第一部著作之重印。
丙、補述：「名家與荀子」、「從陸象山到劉蕺山」。

一、康德批判書之譯註：通中西文化之郵的最佳橋梁

先生嘗謂，西方哲學有三大支：
1.柏拉圖代表一支；
2.萊布尼茲與羅素代表一支；
3.康德代表一支。
柏氏一支與萊氏之形上學一面已消化於康德，故消化康德即無異於消化了西方哲學之大傳統。先生所著「智的直覺與中國哲學」、「現象與物自身」二書，即意在對康德哲學作一綜消化。（唯萊氏與羅素之邏輯分析一套，康德未及消化，故此步消化之工作必須中國人自己

來完成。參閱下文第二節。）

凡文化學術之消化，又不只是綜述而已。依先生之意，吾人若不能如當初之吸收佛教，而亦依獨立之中文譯本讀康德，即說不上吸收康德，而中國人亦將沒有福分參與康德之學。故先生自六十二歲開始撰著「佛性與般若」之同時，亦陸續從事康德批判書之翻譯。十年之間，從容審識，仔細比對，終於完成了康德「純粹理性之批判」、「實踐理性之批判」、「道德底形上學之基本原則」以及「判斷力之批判」之中譯工作。茲分甲乙丙三目，分述於下：

甲、「康德純粹理性之批判」：展現「哲學名理」知識層之實

此書分上下兩冊，於民國七十二年三月、七月，由學生書局先後出版。「引論」、「超越的感性論（攝物學）」，以及「超越的邏輯（辨物學）」之第一分「分解部」，為上冊；第二分「辯證部」，為下冊。上冊五百四十餘頁，下冊四百九十頁。（超越的方法論則闕而未譯，以期來者續成。）

先生翻譯純理批判，係以肯·士密斯(kemp Simth)之英譯本為根據，同時亦比對其他兩種英譯本。若仍見疑難則由友生協助查質德文原文。先生嘗云，翻譯之事，最適於老年。此時學思較熟練，識見較明透，加之心情鬆閒，從容舒坦，邊讀邊譯，隨譯隨解，字斟句酌，煞有味也。

先生譯康德此書，前後連續近十年，隨時比對，隨時查核，幾乎每句每字皆予以考量，務使能達於表意而且能站得住而後可。先生譯康德書所表現的精誠審識，實已重現晉唐高僧翻譯佛經之風範。此中譯本之上下兩冊，先生皆有「譯者之言」，茲綜為數端，舉述於此：

其一，康德之純理批判，號稱難讀。嚴格而言，每句皆須講解，始能明白，而講者亦須先自己懂得乃可無謬。懂康德並非容易，一要學力，二要識見。二百年來，讀康德、講康德者多矣，然而真能相應者有幾？直接繼承康德者，如菲希特、黑格爾、謝林，皆可各有弘揚，而不必真能相應康德之問題而前進。二十世紀之新康德學派，亦非內在於康德本身而予以重新之消化與重鑄者。而英美學者則大抵不能相應，固無論矣。

其二，康德學之專家，大抵流於瑣碎而無通識，趨於考據而遠離哲學。然康德乃是哲學，故須哲學地處理之。康德學原始要終之全部系統，雖在基督教傳統之制約下完成，然其最後之總歸向卻近於儒家，擴大而言，亦可謂近於中國儒釋道三教傳統所昭顯之格範。依先生之衡斷，內在於康德學本身予以重新消化與重鑄，而得以成為康德學之善紹者，將在中國出現。（或有謂，先生所講者非康德學。先生答曰：若康德學是真理，是智慧，是理性決定而非氣質決定，是造道之言而非興會之文，是有格範法度之學而非游談無根的爛漫之論，則其總歸於儒家，總歸於與中國傳統所昭顯之格範相融洽，亦宜矣。蓋實理總是如此，智慧總是如此。故是康德或非康德，相應或不相應，絕非欺詐無實之輩所能知也。）

其三，先有一完整而可理解之譯文，則國人得以從康德此書之序文起，一一逐句讀下去，讀其引論，讀其超越的感性論（攝物學），讀其超越的邏輯（辨物學），往復讀之，始可真知西方哲學之寶藏。唯讀時亦必須有基本之訓練與相當之學力始能入，復亦必須有超曠之識見始能悟見歸向。蓋康德此書絕非一通俗之書也。讀此書畢，再進而讀「道德底形上學之基本原則」與「實踐理性之批判」，此則必須先精熟於儒學，然後始能照察出雙方立言之分際與異同。如此往復讀之，必可得康德學之要領而知其歸向。

其四，中譯本下冊「辯證部」所處理之問題，大體是佛所不答者。（佛不答十四難，乃謂「此事無實」，「非義相應，非法相應，非梵行本，不趣智，不趣覺，不趣涅槃」，故不答。見箭喻經。）依康德，此等問題不屬於對象，乃出自純粹理性自身，故不得藉口人類理性之無能而推諉，而且解鈴還須繫鈴人，此等問題亦正是理性自身所能處理者。而康德所作之批判的解答，乃是超越的哲學之本分，於此可見哲學家之殊勝。佛是聖人，是教主，但不必是純粹的哲學家。康德說，無人敢以哲學家自居。此所謂哲學家乃指歸宗而言，亦可以指聖人而言。但如果哲學家是指「學著作哲學的活動、學著作理性的思考」而說，則此義的哲學家是可以黽勉而為之的。而此義的哲學家亦應當擔負此等問題之批判的解答。於此足見「哲學名理」與「教下名理」之不同。（關此，先生在「才性與玄理」第七章魏晉名理正名，有精詳之疏論，可參閱。）

其五，哲學名理中之批判的解答，乃明思辨理性底辯證推理中之虛妄，明其不足以證明「靈魂之不滅、上帝之存在、意志之自由」，故最後歸於實踐理性以明之。（如是，則亦不違佛意，而且正足以證成佛意。）思辨理性有虛，實踐理性歸實。虛實之辨正是康德學之精髓。虛有其所以為虛，實則有異層異說。「知識層」之實，康德已言之備矣（如上冊分解部之所說）。「實踐層」之實，則見於實踐理性之批判。

其六，先生指出，通過康德純理批判辯證部之翻譯，可以見出中國智慧方向之所以多趣實而少蹈虛，正以其自始即著重在實踐理性故也。象山云「千虛不博一實」。旨深哉，斯言也！中國智慧方向雖於「哲學名理」不甚足夠，然其實踐理性下之「教下名理」之趣實無虛，卻甚能充其極。此則可使康德之實踐理性批判百尺竿頭更進一步也。

乙、「康德的道德哲學」：會歸「教下名理」實踐層之實

此書於民國七十一年九月，由學生書局出版。康德講道德哲學，以「道德底形上學之基本原則」與「實踐理性之批判」為代表作，先生即合此二書而名曰「康德的道德哲學」，共計四百五十餘頁。

就「道德底形上學之基本原則」而言，先生係根據英人阿保特(T. K. Abbott)之英譯本而譯成。並亦參酌英人巴通(H. J. Paton)與美人拜克(L. W. Beck)兩英譯本。當三英譯本相違而俱不明顯時，則查質德文原文以為準據。此書原分三大節：一、從道德之通常的理性知識轉至哲學的知識，二、從通俗的道德哲學轉至道德底形上學，三、從道德底形上學轉至純粹實踐理性底批判。此三節各段之小標題，在康德原書中或有或無，先生皆分別為之補足，以醒眉目。

昔嚴復論譯事，有所謂「信、達、雅」。先生以為，句法無誤，句意自順。無誤則「信」，意順則「達」，信而達則「雅」矣。蓋概念語言不能耍弄巧花樣，亦不能如作文章之夸飾。譯康德書，乃屬概念語言之學術文，只有嚴格語體文方能曲盡概念語言之結構，此

不可以普通之文事論也。此種譯事，除哲學訓練外，完全是咬文嚼字之工夫。故譯事之難，有虛有實。實者是學力，虛者是文字。先生自謂，概念語言中之專詞實詞，自問可以掌握得住，虛者則黽勉以期於無誤。按先生之譯康德，前後十年，雖從容而為，實勤力以赴，漸磨漸熟練，故信而有徵，曲而能達，能信能達，即可與言學術之雅正矣。

康德之「實踐理性之批判」，英譯只有阿保特譯與拜克譯，而無巴通譯。先生之中譯乃據阿保特譯，而亦隨時附拜克譯以作參考。此書除「序言」、「引言」之外，分為兩部：第一部為「純粹實踐理性底成素論」，內分兩卷，卷一為分析部，計三章，卷二為辯證部，計二章。第二部為「純粹實踐理性底方法學」。（先生指出，此方法學所示之道德訓練之工夫，可以與先秦儒家在孔子之方向下所開啟的：孟子所言之存養擴充，大學中庸所言之慎獨，再下屆宋明諸儒所言之工夫，相比觀，而一一比決其同異。工夫乃隨成素之分析而來。分析方面有不同，則工夫方面亦異。如此比觀，不但可明中西哲人思考問題之態度與方法之差異及限度，且亦可明諸儒間之離合。然此種差異、限度、與離合，亦未嘗不可再依判教之方式予以消融，而在更高之層次上會通之也。）

依先生之意，讀康德之書，不可當閒文而一目十行，必須定下心來逐句順文法結構仔細讀。讀者苟有相當之預備知識，則書中之內容亦不難理解，若精熟儒學，則理解更為容易。故先生譯此書時，皆隨文加案語，以期與儒學相比照，使吾人對雙方立言之分際可有真切之理解。康德對道德情感與良心等之看法，是其不同於儒家正宗孟子系之重要關鍵。在康德「道德底形上學」一書第二部之序論中，正有一段關於「道德情感、良心、愛人、尊敬」之文，故先生特為譯出，附錄於實踐理性批判之後，以作比觀。

康德書行於世已二百餘年，而中國迄今尚無一部嚴整而較為可讀之譯文，是即等於康德尚未吸收到中國來。先生以為，吾人如不能依獨立之中文讀康德，吾人即不能言吸收康德，而中國人亦將始終無福分以參與康德學。進一步，吾人如不能由中文理解康德，將其與儒學相比觀，相會通，以觀其不足者何在，足以補充吾人者何在，最後依「判教」之方式處理之，則吾人即不能言消化了康德。先生自謂，其所作者只是初步，期來者能繼續發展：繼續由德文直接譯出，繼續依中文來理解、來消化。而理解消化之工作，必須先精熟於儒學，乃至真切於道家佛家之學，總之，必須先通徹於中國之傳統，而後始可能。

在此，尚須特為一說者，先生譯實踐理性批判隨文所作之案語，最見融攝會通之精意。而分析部第三章「純粹實踐理性底動力」所加之諸案語，其分量且約略與原文相等。如頁二五六、二六一至二六三、二六四至二六六、二七二、二七七、二七八等處之案語，皆精義紛披，無不切當，而頁二八三至二八五之大段案語，尤為綜結之言。他如頁二九二至三〇〇，三一〇至三一五，三二四至三三一，三三六至三四二等處之大段案語，皆洋洋數千言。讀此諸案語，乃知先生所謂康德學最後之總歸向近於儒家，而儒家可提升康德以使之百尺竿頭更進一步，凡此衡斷之語，的屬實見實言。以是，若謂先生乃康德最大之知音，亦非過當之論也。

丙、「康德判斷力之批判」：真美善之分別說與合一說

康德第三批判「判斷力之批判」，意在溝通道德（自由）界與自然界。先生以為，美學雖可以獨立地講，但以儒學衡之，則康德欲藉美學溝通兩界，此一路數，實無必要。故先生原先並無意譯此第三批判。唯近年來，亦在從容讀解中將其較為切要者隨機翻譯。乃又感到為使國人得以窺康德學之全貌，第三批判仍須全譯。同時對於康德第三批判所提出之問題，亦須予以解決。於是，先生乃以一人之力將康德三大批判全部漢譯，實為二百年來世界第一人（康德書出之後，從未有以一人之力同時譯此三大批判者）。

此「判斷力之批判」分上下冊，上冊講「美」與「崇高莊嚴偉大」（此六字乃一整詞，普通譯為莊美，未諦）。下冊講「自然的目的論」。兩冊各有「譯者之言」。民國八十一年十月，由台北，學生書局出版上冊，計四三〇頁。次年一月，出版下冊，計二四六頁。時，先生已八五高齡矣。

先生此譯，係根據Mereditn之英譯本而譯成。凡遇難通處，則以三英譯對勘，並對質德文原文。經過多次之修改順通，故每句皆可明暢誦讀，雖絡索複雜，然意指總可表達。先生自謂，譯前兩批判時，未曾費多次修改工夫，故於譯文，以此譯為較佳。唯先生又念，縱使譯文明暢可讀，亦不易解，故又就審美判斷之超越的原則，即「合目的性之原則」，作一詳細之疏導與商榷，是即上冊卷首之「商榷」長文。

此商榷之長文，全名為「以合目的性之原則為審美判斷力之超越的原則之疑竇與商榷」，共分九大段：A.確立反省判斷之超越原則之進路，B.反省判斷力以合目的性原則為其

超越的原則，C.自然底合目的性之美學的表象，D.判斷力之擔負：溝通自然與自由之兩界，E.審美判斷之不依恃於概念的普遍性與必然性，F.審美判斷之普遍性與審美判斷之關係相（無目的的合目的性），G.審美判斷之普通性與必然性之推證，H.審美判斷之辯證以及其解決，I.審美判斷底原則以及其特性底分析之重述。此最後一段又分為九小節：1.先聲，2.審美判斷之超越的原則當該是「無相原則」，3.審美判斷之普遍性是何意義的普遍性？4.審美判斷之必然性是何意義的必然性？5.審美判斷之無關係相，6.審美判斷無辯證之可言，7.真美善之分別說，8.真美善之合一說，9.分別說的真美善與合一說的真美善之關係。這7.、8.、9.三小節乃歸結性之說明（共十三頁），略作錄述如下：

分別說的「真」，指科學知識說；分別說的「善」，指道德說；分別說的「美」，指自然之美與藝術之美說。三者皆有其獨立性，自成一領域。此三者皆由人的特殊能力所凸現。陸象山云「平地起土堆」。吾人可說，真美善三者皆是經由人的特殊能力於平地上所起的土堆：「真」是人的感性、知性，以及知解的理性所起的「現象界之知識」之土堆；「善」是由人的純粹意志所起的依定然命令而行的「道德行為」之土堆；「美」則是由人之妙慧之靜觀直感所起的無任何利害關心，亦不依靠於任何概念的「對於氣化之光彩與美術作品之品鑒」之土堆。

所謂真美善的「合一說」，不是康德所說的「以美學判斷溝通自由與自然之兩界合而為一諧和統一之完整系統」之合一，乃是於同一事而「即真即美即善」之合一。此一「合一」之妙境非西哲智慧所能及。先生以為，美學判斷擔當不了康德所想的那責任，故其所說「合目的性」之原則全不切合；而審美之事既屬妙慧心（詩有別才，非關學問），故美的對象固非內含地決定於理性，且亦非外離地遙依於神智。像康德那樣硬牽合以說合目的性之原則，並最後說「美為善之象徵」，這是說不通的，故有種種的窒礙與不順適。因此，我們繼分別說，再進而作合一說。然後再看分別說中的真美善與合一說中的真美善之間的關係為如何。如此方可順適而調暢。真美善三者雖各有其獨立性，然而導致「即真即美即善」之合一之境者，乃在善方面之道德的心，即實踐理性之心。此即表示說，道德實踐的心仍是主導者，是建體立極之綱維者。

分別說的真美善既各有獨立的意義，是三種各依人之主體能力而凸顯的土堆，是故三者可各不相干。美既非一認知對象之屬性，與現象之知識無關，則現象之知識亦無求於美，與美亦無關。真屬於「自然」，善屬於「自由」，真無求於善，善亦無求於真。美無與於善之確立，善亦無與於美之對象或美之景色之呈現。是則三者可各不相干而各行其是，雖不必相衝突，亦不必相函。

美既是氣化之多餘的光彩，而又無關於理性，是故我們不能通過「合目的性之原則」硬說「美是善的象徵」，而審美判斷之辯證的背反亦多餘而無謂。我們只能說：分別說的美是合一說的美之象徵，分別說的真是合一說的真之象徵，分別說的善是合一說的善之象徵。象徵者，具體地有相可見之意。易繫曰：「天垂象見吉凶，聖人則之。」「天垂象見吉凶」可概括真美善三領域而言。

於「真」方面之垂象，即是氣化之遭遇於吾人之感性與知性而成的「現象之存在」；於

「善」方面之垂象，則是氣化底子中人類這一理性的存有之經由其純粹而自由的意志決定其為一「道德的存有」；於「美」方面之垂象，則是氣化底子中人類這一「既有動物性又有理性性」的存有、經由其特有的妙慧而與那氣化之多餘的光彩相遇而成的「審美之品味」。於「現象之存在」處，顯一「認知的我」乃至「邏輯的我」；於「道德的存有」處，顯一「道德的我」；於「審美品味」處，顯一「美感的我」。這都是「聖人則之」中所立的事，亦是「開物成務」中所成的事。

人之渺然一身，混然中處於天地之間，其所能盡者不過是通徹於真美善之道以立己立人，並開物成務以順適人之生命而已。張橫渠所謂「為天地立心，為生民立命，為往聖繼絕學，為萬世開太平」之弘願，盡在於此矣。

二、維氏「名理論」之中譯，以及重印「認識心之批判」：另一系西哲思想之消化

維特根什坦的「名理論」，於一九二一年以德文出版，次年，由奧格登譯為英文，四十年後（一九六一）又有皮亞斯之英譯。在中國，一九三〇年許，張申府氏首先譯為中文（依奧氏英譯本），刊於哲學評論。而先生此譯，則據皮亞斯之英譯而譯成，遇有不明顯或不順適處，則查質奧氏英譯與德文原文加以訂正。維氏此書之德文書名，與英譯本所題之拉丁文

之書名，皆為「邏輯的哲學論」。張申府氏比照英文版之拉丁古文題，亦用古典味之詞語而譯為「名理論」（意即，論名理之書，或研究邏輯本性的「邏輯之哲學」）。先生以為此名較切於維氏書中之內容，故亦定此中譯本為「名理論」。此譯本以四號宋體字橫排，於民國七十六年（一九八七）八月，由學生書局出版，合序目正文，共一百五十九頁。

維氏之「名理論」，顯然是以羅素與懷悌海合著之「數學原理」為基礎而進行其對於邏輯本性之研究。但此書之吸引人卻在它關於哲學方面的一些妙論與論斷，邏輯實證論即全由這裡而開出。先生指出，從維氏之原書名（邏輯的哲學論）及其序文看，其書是以處理哲學問題為主的哲學書，而這哲學是以邏輯為基礎的哲學。但重點若在哲學，則此書的主要目的是消極的，它實未處理什麼哲學問題，而只是一「語言之批判」。

依維氏，哲學只是釐清之活動。他認為，有知識意義的命題，是可說者；無知識意義的命題（形上學的命題）是不可說者。故維氏此書之涉及哲學，乃是消極地涉及，是由於研究「邏輯之本性、命題之意義」而消極地觸及哲學問題，是捎帶著來處置了哲學問題。這種處置初看雖不等於取消哲學，但由於他把那些哲學問題置諸「無意義、不可說」之域，而囑咐人不必去說，此即等於置之不理而取消了。因此，先生問道：「這算得上是一種什麼哲學呢？」而這作為基礎的邏輯，事實上並不能對哲學問題（形上學問題）決定什麼，即使「可說」與「不可說」，也不是邏輯所能決定的。因此，先生認為，這部具體而微的純粹理性之批判（語言之批判），也只是一時令人醒目（驚世駭俗）的二十世紀之纖巧哲學而已。（邏輯實證論順之而進，遂亦成為二十世紀最聳動人的時髦哲學。）

先生平看維氏之書，視之為一種「邏輯之哲學」（名理論），認為其最大的貢獻是在講套套邏輯與矛盾，此亦正是邏輯本性之正文，一切對於邏輯形式之洞悟與妙語皆源於此。至於其講世界，講事實，講命題，講圖像，涉及知識，消極地涉及哲學，因而劃定可說與不可說之範圍，把超越形上學一概歸於不可說而置於默然不說之域，凡此等等，皆非邏輯本性之研究的主文，而只是因著論知識命題而消極地觸及者。套套邏輯非知識命題，純邏輯中只有邏輯句法而無知識命題。

先生在「譯者之言」之後段（頁六至十八），對維氏之所謂「可說」與「不可說」，分十五條作了層層明晰之疏導。先生指出，維氏對「可說」底規定太狹，他只有表達科學知識的語言；如是，形上學便完全屬於不能言說的範圍，因為這理面的那些命題不能有任何知識的意義，因而也是一些似是而非的命題，不能認作是命題。邏輯實證論者進而認為這是一些無意義的命題，只能滿足人的情感；因此，他們只有科學語言與情感語言之二分，形上學便被取消了。（這雖然不是維氏的直接意思，但也未嘗不是其「科學之外不要說任何事」一語之所函。）先生認為，在科學與情感二分語言之外，還須承認有「啟發語言或指點語言」，超絕形上學中的語言，都是啟發語言或指點語言。凡康德所說屬於智思界者，皆屬啟發語言中事。於是，先生重新規定「可說」與「不可說」如下：

「可說」有分解地可說，有非分解地可說。

甲、凡在關聯中者，皆是分解地可說者，此是邏輯語言。（關聯，有是內處的關聯，有是超越的關聯）。

1.內處（宇內）的關聯，有是純粹形式者（如邏輯數學中者）；有是經驗的材質者（如自然科學中者）。

2.超越的關聯，是屬於實踐理性者，如道德，乃至道德的神學（宗教）。

乙、非分解地可説者，是實踐理性中圓教的事。圓教中之圓滿的體現，乃是非分解地説者。非分解地説，是詭譎地説，遮顯地説，此是啟發語言或指點語言。所謂「佛説法四十九年而無一法可説」，乃是詭譎歷程之捨棄而一切皆「如」，是一種點化。佛陀説法四十九年，有是分解地説者，有是非分解地説者；而非分解地説所指點的最後之「如」即是不可説。不可説而先導之以分解地可説，由此分解地可説進而至於非分解地可説（詭譎地説），由非分解地可説最後歸於不可説。如此而至之「不可説」，是不可説而可説，可説而不可説；故雖即不説而亦全體圓明，並非如維氏所謂凡不可説便不要説任何事——若如此，便陷於黑暗中，而吾人對之遂不能有一隙之明矣。

依於以上之規定，先生又指出：

1.材質的關聯中之分解地説者，為可諍。形式的關聯中之分解地説者，為不可諍——套套邏輯為不可諍。此是「分析地不可諍」。

2.超越的關聯中之分解地説者雖有多端，然皆為「批判地不可諍」，故皆可經由判教以明之。而超越的關聯中之非分解地説者，則為「詭譎地不可諍」。

3.凡不可諍者（無論是分析地不可諍、批判地不可諍、詭譎地不可諍），皆是理性中之必然。

先生在譯註康德批判書之後，而再譯維氏此部名理論，是為了配合「認識心之批判」一書之重印出版。

先生在羅素學與維氏學鼎盛之時，撰寫「認識心之批判」，其目的是想以康德之思路來消融羅氏與維氏之成就。唯當時先生只了解知性之邏輯性格，而未了解知性之存有論的性格。故「認識心之批判」所做者，即是知性之邏輯性格的充分展現。此亦可說是順維氏之講套套邏輯而進一步，以了解邏輯之本性，並對邏輯系統作重新之疏解。亦以此故，先生在「認識心之批判」出版三十年後而擬予以重印之時，特將維氏之「名理論」譯出以為導引，於此，正見先生學術心靈之緜穆不已，與哲學思想之圓密融貫。同時，這一步前後之呼應，亦正表示先生在融攝康德之外，對另一系西哲思想（萊布尼茲與羅素邏輯分析一套）之吸納與消化。

「認識心之批判」，已由學生書局重版發行，先生特作重印序言，有云，此書乃四十歲以前純哲學的學思之重要結集，雖只能代表前半期學思粗略之成熟，但此書之原創氣氛不可掩，而其感發力之強，對於喪失獨立精神之中國學界而言，亦是一莫大之鼓舞與激勵。自後，先生既於中國各期哲學（含儒、釋、道）有詳盡明確之疏解，於康德哲學亦有譯註，有闡釋，有開發。積數十年中西兩方面之積學與精思，先生乃鄭重指出：

知性之邏輯性格的充分展現，不僅對於把握認知心之本性與限度極爲重要，而且亦是學習西方哲學時一步極其重要之訓練。能對認知心有充分認識，自能進而正視道德心。學者如欲由知性之邏輯性格進而契悟康德的「知性之存有論的性格」，以及其現象與物自身之超越區分、感觸物與智思物之兩界之分，則必須精讀康德之書。

先生自謂，「智的直覺與中國哲學」是一過渡之思想，尚非成熟之作；至「現象與物自身」一書寫成，再反觀「認識心之批判」，乃真可見出先生前後期學思之差異；再進到「圓善論」，則既可以知「消化康德並使之百尺竿頭再進一步」之道，並亦可知「中西哲學會通」之道。

三、「中國哲學十九講」：中國哲學之簡述及其所涵蘊之問題

民國六十七年秋冬，先生應教育部第三年客座教授之聘，在台大哲學研究所主講「中國哲學之特質」與「天台宗研究」兩課程。先生改訂前者為「中國哲學之簡述及其所涵蘊之問題」，共十九講。各講之標題如下：

1. 中國哲學之特殊性問題。
2. 兩種真理以及其普遍性之不同。

3.中國哲學之重點以及先秦諸子之起源問題。
4.儒家系統之性格。
5.道家玄理之性格。
6.玄理系統之性格——縱貫橫講。
7.道之「作用的表象」。
8.法家之興起及其事業。
9.法家所開出的政治格局之意義。
10.先秦名家之性格及其內容之概述。
11.魏晉玄學的主要課題以及玄理之內容與價值。
12.略說魏晉梁朝非主流的思想，並略論佛教「緣起性空」一義所牽連到的諸哲學理境與問題。
13.二諦與三性：如何安排科學知識。
14.大乘起信論之「一心開二門」。
15.佛教中圓教底意義。
16.分別說與非分別說以及「表達圓教」之模式。
17.圓教與圓善。
18.宋明儒學概述。
19.縱貫系統的圓熟。

此十九講之講詞，經錄音整理之後，自民國六十八年十一月起，分期發表於「中國文化月刊」。後經先生訂正，於七十二年十月，由學生書局出版，書名訂為「中國哲學十九講」，共四百四十八頁。

中國哲學有數千年之傳統，其表現主要集中於儒、道、釋三方面，而儒家尤為主流。然此一東方老傳統，自明亡之後，在中國久已衰微，尤其近百年來遭受西方文化之衝擊，知識分子對於中國哲學之精神面目，乃益形模糊而遺忘矣。先生以數十年之精誠，疏導中國哲學之思想脈絡，表述儒釋道三教之義理價值，先後完成「才性與玄理」、「佛性與般若」、「心體與性體」、「從陸象山到劉蕺山」等四部專著；又復注其心力，疏通中國文化生命之癥結，承晚明諸儒之豁醒外王大義而推進一步，以解答中國文化中政道、事功、科學之問題，而寫成「道德的理想主義」、「歷史哲學」、「政道與治道」三書；此外，關涉於中西文化思想之會通問題，亦先後有「認識心之批判」、「智的直覺與中國哲學」、「現象與物自身」等三書之撰著，然上述各著，卷帙浩繁，讀之非易，而如何對中國各階段之哲學思想及其所涵蘊之問題，作一簡要之綜述，俾學者易於順之而悟入，仍屬極為重要而不可忽視之事。而此十九講，即先生所作之綜述也。

先生當時口講，本無意於出書，唯台大哲學研究所諸同學認為，如能將各講之錄音整理成文，則可供作學者悟入中國哲學之津梁，否則，茫茫大海，渺無頭緒，將何由而確知中國哲學之面貌耶？於是，由陳博政、胡以嫻、何淑靜、尤惠貞、吳登台、李明輝等六人分任其責，而胡以嫻獨任六講，盡力特多。先生常云，若無諸同學之精誠，則所講者日漸模糊，而一年之心血亦將散泯虛失而不可見，故諸同學之辛勞，甚可感也。此種保存口講語氣之文字，具體而活潑，疏朗而條達，雖不及專著之謹嚴，而就明辨義理系統之性格與掌握哲學問題之線索而言，則於讀者實較利便也。

唯此十九講之綜述，並非一時之興會，亦非偶發之議論，而乃關乎中國哲學之系統綱格與義理宗趣者；其所釐定之諸問題，亦對中國哲學之發展具有重大之啟發性。故各講所舉述者皆有所本（即本於上述先生所著各書之義理）。凡無本而綜述，率多浮光掠影，不僅鮮能的當，且多膚談而錯謬，故哲學之綜述非易事也。先生書前小序有云：綜述已，則各期思想之內在義理可明，而其所啟發之問題亦昭然若揭，故此十九講之副題曰「中國哲學之簡述及其所涵蘊之問題」。簡述以明固有義理之性格，問題則示未來發展之軌轍。繼往開來，有所持循，於以知慧命之相續繩繩不已也。

當此十九講單篇連載之時，韓國鄭仁在博士即約同鄭炳碩君（後亦來華修博士學位）陸續翻譯為韓文，於民國七十四年（一九八五）十月由漢城螢雪出版社印行。（韓文版之書後，並譯載蔡仁厚所撰「牟宗三先生的學思歷程與著作」一長文為附錄。）

民國七十五年十二月，先生應中央大學人文社會科學柏園講座之邀，講「中國文化發展中義理開創的十大諍辯」，雖言之簡要，而啟發性則極重大。其中前九個諍辯是由過去歷史流傳下來，第十個則是針對當代的文化問題而發。吾人當前這個時代並不是孤立的，而是與歷史相關聯著的。現代人大體是橫面的思考，和歷史通接不起來，就民族文化的發展而言，這是不正常的現象。所以先生把當前的問題也列入文化開展之大流中來討論。所謂「義理開創的諍辯」，乃從中國數千年的歷史發展中特別關注於思想方面來考察，事實上，這是屬於哲學問題的諍辯。茲分別簡述其義旨於後。

第一，儒墨的諍辯：三代以前，並無思想上的分歧，到春秋末期儒家思想首先建立，接著就有墨家興起，由於兩個集團主張不同，於是乃有儒墨是非之諍辯。通過此一諍辯，使儒家在中國文化之發展中取得正統的地位，一直貫穿到清朝末年。到民國時代才發生問題。雖然有問題，而其思想的統緒並未完全斷絕。即使中共文化大革命也不能不回頭，可見儒家之道有其定常性。儒家何以能有此定常性？這是值得注意的。

第二，孟子對告子「生之謂性」之辯：孟子何以反對「生之謂性」？主要是為了講「仁義內在」。先生指出，這是一個了不起的大問題。能了解仁義內在，就能了解道德之所以為道德，與儒家之所以為儒家。孟子「仁義內在」的主張，是一個「偉大的洞見」。他和告子的論辯見於孟子書告子上篇，先生曾逐章逐句加以疏解。收入「圓善論」之首章。

第三，魏晉玄學家之「會通孔老」：先秦以後，兩漢在思想上無特出之表現，因而亦無思想上之問題。下及魏晉，道家思想復興，而儒道之衝突乃隨之而顯出。唯孔子聖人之地位既早在歷史上被公認，無人能加以反對。於是，如何「會通孔老」便成為魏晉之時代課題。王弼首先提出「聖人體無」、「聖人有情」之說，向秀郭象則欲以「跡本論」解決此一問題（參閱「才性與玄理」四、六兩章有關各節）。玄學家提出的會通法是否能會通得了，當然還有問題。尤其大教之會通，並不能一了百了，這問題永遠是新鮮的，是人類永恆的問題之一。人只要稍能接觸此一問題，思想境界便立即得到新開發。

第四，言意之辨：這是關於名言能否盡意的問題。在哲學上一定會接觸到這個問題，譬如老子云「道可道，非常道，名可名，非常名」，即已對名言之作用有深刻的反省。而平常所謂「書不盡言，言不盡意」，也表示這個意思。魏晉人討論名言的作用，有三派主張，歐陽建主言能盡意，荀粲主言不盡意，王弼則是「盡而不盡，不盡而盡」。（其詳，見「才性與玄理」第七章。）此一問題也永遠是新鮮的，西哲維特根什坦所謂「凡是可以說的，就清楚地說；凡是不可說的，就保持沉默」。他所講的也仍然是這個問題。邏輯實證論者宗主維氏，故以為形而上的真理，善的問題，美的問題，以及人生之價值，世界之意義，皆屬於不可說。他們的主張當然不是最後的，吾人討論當代的哲學問題，便直接想到魏晉人的言意之辨以及老子所意示的可道之道與不可道之道的分別，可見這種論辯永遠是常新的，值得仔細考量。

第五，神滅不滅的問題：這是南北朝時期發生的問題。自佛教傳入中國，乃有輪迴之說。梁朝范縝反對輪迴說，故作「神滅論」，而引起一場大諍辯（見弘明集、廣弘明集）。現在看來，此一辯論並未發展成型（因為當時佛教界講神不滅者不夠深入，不夠明徹）。如今重加反省，便知此一問題並不簡單，既可與儒家之三不朽、耶教之靈魂不滅相對較，而相互之間的異同（其實是相異而不相同），也必須審識明辨，故仍值得注意。

第六，天台宗「山家、山外」關於圓教之諍辯：這是佛教完全吸收進來之後，發生於北宋初期的諍辯。是天台宗內部一個很專門的問題之爭論。此一同題既成形態，且對開拓人類智慧非常有貢獻。先生在「佛性與般若」下冊第二分之三、四、五章，曾有詳細之論述。山家與山外之爭，也可說是天台宗與華嚴宗之諍辯（因山外以華嚴宗之思路講天台圓教故），其焦點集中在「圓教」的問題上，圓教問題是哲學上最高深最終極的問題，西方哲學尚未能接觸此一理境，可見其理論之深微。圓教的義理，無論就中國文化本身之價值，或就中西文化之比較而言，皆有重大之意義。（故先生在講述佛教之後，又撰「圓善論」，並講述「中西哲學之會通」，皆見下文。）

第七，陳同甫與朱子爭漢唐：宋明儒學的討論集中在內聖之學，而此一諍辯則屬外王問題。朱子是站在純粹道德的立場，故貶視漢唐事功，他所持的是「道德判斷」，不是歷史判斷。陳同甫則讚許漢唐之主的英雄事功，但只著眼於英雄生命以論歷史，也不是「歷史判斷」。先生指出，以道德看歷史是屬於理性的態度，但朱子講的理性是「知性」的理性。以知性的理性看歷史乃是靜態地看。依黑格爾之說，要真正接觸歷史，必須從知性理性進到動態理性。朱子是知性的理性形態，陳同甫則是感性的直覺形態，這二者是對立的，皆不能在了解歷史中引進歷史判斷以真實化歷史。只有在動態理性中（即曲線辯證的理性中）始能引進歷史判斷。蓋在動態的理性中，知性與直覺的對立已被消融故。（先生在「政道與治道」一書之第十章，曾對朱子與陳同甫之諍辯，詳加述解，可參閱。）

第八，王龍溪與聶雙江的「致知議辯」：這是王門弟子對王陽明「致良知教」之了解上的諍辯。對於一個教義之本質是否真能相應了解，是極為重要的事。此一論辯之所以為大諍辯，也正從這個意義上看。對於一個教義本質真懂不真懂，必須在層層轉進的諍辯中，看其思路如何前進，看其措辭之輕重本末，乃能考驗出誰是真有所得，誰是真能相應。此是批判真偽之試金石。誰是王學之正嫡，誰是王學之偏歧，皆可從此一論辯中分別出來。（關於此一論辯，先生在「從陸象山到劉蕺山」之第四章，曾以八十餘頁之篇幅，詳作疏解，可參閱。）

第九，周海門與許敬菴「九諦九解」之辯：「九諦」代表許敬菴之主張，主要是對王陽明致良知四句教首句「無善無惡心之體」起疑惑，因而對王龍溪天泉證道之宗旨亦一併辯駁。周海門（羅近溪之弟子）順九諦逐條答辯，名曰「九解」。此一論辯不僅關乎王學，亦關乎儒家與中國文化。老子所講的「無」，是從作用層上說，而作用層上的「無」，實乃「共法」，為儒釋道三家所共許，這是屬於「如何」的問題。凡實踐工夫到達某一水準，一定會接觸到這個理境。蓋分別是非善惡，是屬於「是什麼」的問題，而「如何」對是非善惡「表現好惡」，以使好惡皆得其正，這才是成就道德價值的關鍵所在。故尚書洪範也有「無有作好，無有作惡」之言，作意的好惡，乃是偏好偏惡，所以必須「無」掉。道家所講的「無底智慧」，正是在此特顯勝場。因此，對此作用層（工夫層）上的「無」，既無須反對，也不能反對（因為是「共法」故）。不可一見到「無」，便以為是佛老、不合聖人之道。這個禁忌主要是朱子造成，此不僅妨礙人了解道家之「玄智」與佛家之「空智」，而且對弘揚儒家之道亦甚為不利。在道家，只有「如何」這一層的問題，而沒有「是什麼」的問題，儒家則兩面兼備。周海門與許敬菴之論辯，其重要的意義即在有助於吾人了解此中義理之分際，以開拓哲學之理境。（筆者曾撰「王門天泉四無宗旨之論辯」一文，以疏解此九諦九解之辯，見拙著「新儒家的精神方向」頁二三九至二七六。）

以上九大諍辯，皆發生於過去之歷史中。過去之事雖屬於陳跡，但這些諍辯所表示的意義，則不可以陳跡論。其中實顯示出生命的智慧方向，只要一加反省，它就能開啟吾人之生命，觸發吾人之靈感，彰顯吾人思想之光輝。

第十，中華文化如何暢通的問題：魏晉時代的課題是會通孔老，宋明時代的課題是對付佛教，吾人處此時代又當對付那些問題呢？總起來說，就是中國文化如何暢通的問題。這個問題不是誰和誰諍辯，而是每一個中華兒女共同面對的問題。先生指出，中國文化生命不暢通，其首要的障礙是大陸為共產主義所征服，所以當前文化使命的首要大事是「破共」。（不說反共，而是要破共，徹底破除共產主義的魔道，中華民族的生命才能暢通。）第二個使命是如何消化西方文化，而此中的重點是在宗教方面。（至於民主、科學，一則它是中性的，並無中西之分；二則中國必須走民主科學的路，已成普遍的共識，無可爭論。）中國文化中的儒、釋、道三家，都是東方宗教的形態，此一形態與西方基督教形態有根本上之差異，所以「辨耶」乃成為當前文化使命中的第二件工作。站在中國文化之立場，吾人不容許混水摸魚，不容許故意歪曲和篡竊。這步醒覺，同樣是關乎中華文化斷續存亡的大問題，不可昏忽懵懂。至於文化使命的第三件事，則不屬於消極的「破」與「辨」，而是正面的「立本」。本不立，則一切都將落空。立本，就是要維護中國的文化傳統，要順著中國文化發展的主脈來恢復中華民族立國之大本。順接立本而來的第四件事，就是「現代化」。現代化不是洋化，吾人要求現代化，但必反對洋化（洋化便是失其本）。以上四件事，都是中華民族

「自盡其性」的事。人要盡其性，民族也要盡其性。文化生命受歪曲，則民族生命一定受挫折。民族不能盡其性，便不足以言建國。所以這四件事乃是全體中國人共同的使命。

〔附按〕在上述十大諍辯中，未列「朱陸異同之辯」。先生之意，蓋以朱陸「性即理」與「心即理」之異同，乃性理學內部之事，故未加舉述。唯先生表述宋明儒學，亦實以朱子爲中心而進行全部性理學的疏導與分判，而朱陸異同的關節，亦已講之而明徹矣。若以朱陸之爭切關儒家內聖成德之教的義理方向，而必欲將之列入義理開創之大諍辯中，自亦未爲不可。

四、「中西哲學之會通十四講」：哲學心靈的比對與會通

民國七十一年初冬，先生又應台大與聯合報文化基金之聯合邀請，為台大哲學研究所講授「中國哲學之契入」與「中西哲學會通之分際與限度」兩課程。兩年後，「中西哲學之會通」十四講，經由林清臣醫師依據錄音整理成稿（按、林君為腦神經科名醫，而篤志哲學，遊於先生之門三十年），於七十四年七月起，連載於「中國文化月刊」與「鵝湖月刊」。先生應允稍作校訂，再輯為講錄正式出版。（按、已於七十九年，由學生書局出版，共二百二十五頁。）茲先約述十四講之題旨如下：

1.中西哲學會通的可能性：哲學真理之普遍性與特殊性。
2.中國哲學底傳統：中國哲學所關心的是「生命」，而西方哲學關心的重點在「自然」。
3.西方哲學底傳統（柏拉圖傳統，萊布尼茲、羅素傳統，康德傳統）：從萊布尼茲、羅素傳統說起——萊布尼茲思想之下委與上提。
4.康德的「經驗的實在論」與「超越的觀念論」（對反於「經驗的觀念論」與「超越的實在論」）。
5.康德的經驗意義的二元論與羅素的中立一元論（超越意義的二元論不能成立）。
6.經驗的實在論開感觸界，超越的觀念論開智思界——中西哲學對此兩界之或輕或重、或消極或積極。
7.一心開二門：中國哲學對智思界是積極的，對感觸界是消極的（就成立知識而言）；西方哲學則反是。
8.只有康德的經驗的實在論與超越的觀念論所開的兩界可以與中國哲學會通——進一步講經驗的實在論如何使主觀的表象涉及對象而可以客觀化。
9.使主觀表象客觀化的，是發自主體之形式：猶若「立於禮」。
10.未決定的對象與決定了的對象。
11.範疇之發現：知性之邏輯的性格與存有論的性格。

12.範疇之形而上的推證與超越的推證。

13.「知性為自然立法」之意義：此是否主觀主義？

14.現象與物自身之超越的區分：感觸直覺與智的直覺之對比，以及直覺的知性與辨解的知性之對比：中國哲學肯定人可以有「智的直覺」。

先生首先指出，「中西哲學之會通」是個大題目，講這個題目，一要通學術性，二要通時代性。關聯著時代而言，是奮鬥的方向問題。當前奮鬥的方向，就是要瓦解共黨的馬列主義之標準。若不能瓦解馬恩列史的意識形態，世界就不能和平，人類就沒有前途，當然也就不可能有中西哲學之會通。可見講哲學會通，不能不通時代性，否則，生命就不能通透，不能有明確的奮鬥方向。至於通學術性一面，第一步是要了解中西哲學及其傳統，第二步是依於了解來考量中西哲學能否會通——明徹其會通的根據與會通的限制。

哲學有其普遍性，也有其特殊性。由普遍性可以講會通，由特殊性可以說限制。普遍性是由觀念、概念來了解，特殊性則是由生命來講的。普遍性的觀念必須通過特殊的生命來表現，此即表示普遍性的真理要在特殊性的限制中表現。以是，哲學雖是普遍的真理，但哲學也同時有其特殊性。由於有特殊性，所以有中國的哲學，也有西方的哲學；由於有普遍性，所以中西哲學可以會通。

由普遍性與特殊性兩方面綜和起來，就可以把握中西哲學發展的主要綱領及其差異。中西哲學傳統的領導觀念，一個是生命，一個是自然。中國哲學所關心的是「生命」，西方哲學所關心的是「自然」。

數千年來，儒家講性理，道家講玄理，佛教講空理，這是中國哲學傳統留下來的智慧方向，也是中國數千年間的精華所在。性理、玄理、空理，屬於道德宗教方面，是屬於生命的學問。人的生命是很麻煩的，往上可以通神聖，往下墮落則可能比禽獸還壞。中國文化一開始就重視生命，要調護潤澤生命使它往上翻。但生命不只要往上翻，還有往外往下的牽連，順此牽連而有各種特殊的問題，如政治、社會、經濟等等，這都需要特殊的學問——專家的科技的學問，這個層面與生命往上翻的層面不同，二者不能互相取代。所以，除了生命的學問，還要有知識性的學問。生命的學問是中國文化內部核心的生命方向，此不同於典章制度，風俗習慣，不可相混。知識的學問（含邏輯、數學、科學）則是中國文化發展中的缺憾，必須自覺地作自我調整，從文化生命中自本自根開出來。

先生指出，西方哲學的精華集中在三大傳統，一個是柏拉圖傳統，一個是萊布尼茲、羅素傳統，再一個是康德的傳統。此三大傳統可以窮盡西方哲學，西方的哲學不能離開這三大骨幹。

康德批判地消化了在他之前的西方哲學之傳統。在康德的哲學裡，一切哲學的問題和哲學的觀點都有談論，他對哲學的概念，哲學的論辯，以及哲學性的分析，全部都提到。通過康德，可以知道哲學的來龍去脈。康德對反於「經驗的觀念論」與「超越的實在論」，而建立了他的「經驗的實在論」與「超越的觀念論」。由經驗的實在論融攝知識範圍內一切實在論的思想，由超越的觀念論融攝一切關於智思界者的思想。

簡言之，由經驗的實在論開「感觸界」，由超越的觀念論開「智思界」。而中西哲學對此兩界之或輕或重、或消極或積極，則正是考量中西哲學會通的關鍵所在。經過會通，中西哲學都要各自重新調整。在智思界方面，中國哲學很清楚而通透，而在西方則連康德也不夠通透，故必須以中國哲學通透的智慧照察康德的不足，而使之百尺竿頭更進一步。在知識方面，中國哲學傳統雖言聞見之知，但究竟沒有開出科學，也沒有正式的知識論，故中國對此方面是消極的。然則，西方能給中國多少貢獻，使中國也能積極地開出科學知識？這樣來考量中西哲學的會通，才能使雙方更充實，更能向前發展。

先生於此，特借用佛教大乘起信論的「一心開二門」以為說，認為這是中西雙方共同的哲學間架。依佛教本身的講法，所謂二門，一是真如門，一是生滅門。真如門就相當於康德的智思界，生滅門就相當於康德的感觸界。中西哲學雖然同樣都是開二門，但二間孰重孰輕，或是否已充分開出來，則彼此有所不同。順此而涉及的中國哲學與西方哲學之種種問題，先生皆作了層層之比對與深入而透闢之疏解。（其要，如上文所列第七講至第十四講之標題，其詳，則請參閱各講之講錄，以及「現象與物自身」一書。）

五、「圓善論」：哲學系統之究極完成

民國七十四年七月，「圓善論」由學生書局出版，全書三百四十頁，分為六章：

第一章　基本的義理——孟子告子上篇之疏解

　附錄：康德論人性中之基本惡

第二章　心、性與天與命

第三章　所欲、所樂與所性

第四章　康德論善與圓滿的善

第五章　康德論圓滿的善所以可能之條件

第六章　圓教與圓善（分五節）

　一、人格化的上帝一概念之形成之虛幻性

　二、無限智心一觀念如何被確立？

　三、圓教將如何被確立？佛教之圓教與圓善

　四、道家之圓教與圓善

　五、儒家之圓教與圓善

　附錄：「存有論」一詞之附註

先生之撰著「圓善論」，乃由講天台圓教而引發。「佛性與般若」出版之次年（民國六十七年），先生在台大哲學研究所主講「天台宗研究」一課，某日，講圓教圓善而言及道德與幸福如何一致的問題，因而表示，「現象與物自身」書中之所講，還有未盡之義，必須再寫一部書，方為圓滿。而哲學系統之究極完成，亦必須講到圓教與圓善，乃真可說是成始而成終。前作「現象與物自身」，是從純粹理性批判講起，依中國哲學智慧方向，就著康德的現象與物自身之超越的區分，而歸於兩層存有論（執的存有論與無執的存有論）之建立。而此書講圓教與圓善，則以實踐理性作開端，把圓滿的善（圓善）套於無執的存有論中來處理，即從圓教看圓善。先生以為，如此將使無執的存有論更為真切，亦使一完整的系統之圓成更為真切。

依先生之衡定，天台宗判教而顯示的圓教之義，是真能把圓教之所依以為圓教的獨特模式表達出來者。圓教之所以為圓教必有其必然性，也就是說，必有其所依以為圓教的獨特模式；而這個模式不可移易，若不合這個模式，便不是圓教。天台宗由智者大師開宗，再經荊溪湛然之精微辨釋，至北宋初期之四明知禮而盛加闡揚。三人皆在大力表示此圓教之獨特模式，而觀其所說，實有至理存焉。這是西方哲學所不能觸及的，而且西方哲學亦根本無此圓教之問題。

先生由圓教而想到康德哲學系統中最高善——圓滿的善（圓善）之問題。由圓教一觀念而啟發了圓善問題之解決。此一解決是依「佛家圓教、道家圓教、儒家圓教」之義理模式而解決的，此與康德之依於「基督教傳統」而成的解決並不相同。若依天台判教之觀點說，康德的解決不能算是圓教中的解決，而只是別教中的解決。因為其教既非圓教，故其中圓善之可能亦不是真可能，而只是虛可能。（詳見書之第六章）

籠統方便而言，凡聖人所說，為教。或，凡足以啟發人之理性，並指導人通過實踐以純潔化人之生命而至其極者，為教。蓋哲學若不只是純技術，而亦有別於科學，則哲學亦是「教」。依康德，哲學系統之完成是靠兩層立法而完成。在兩層立法中，實踐理性（理性之實踐的使用）優越於思辨理性（理性之思辨的使用）。而實踐理性必指向圓滿的善。因此，圓滿的善乃是哲學系統之究極完成的標識。哲學系統之究極完成，必函圓善問題之解決；反之，圓善問題之解決，亦函哲學系統之究極完成。

古希臘「哲學」一詞，意謂「愛智慧」。何謂智慧？洞見到「最高善」，即謂之智慧。何謂愛智慧？嚮往最高善，並衷心對之感興趣、有熱愛、有渴望，即謂之愛智慧。所以哲學或智慧學，作為一門學問看，是離不開「最高善」的。因而，依古義而言，哲學亦可逕直名曰「最高善論」。這樣意義的哲學，康德說，古人認為是一種「教訓」，即依概念（最高善之概念）與行為（因之而能得到最高善之行為）而說的教訓，而這亦正是中國儒釋道傳統中所謂的「教」。（哲學既然是這樣意義的一種教訓，則依此意義的哲學而言，康德乃認為無人敢以「哲學家」自居。因為這個意義的哲學家，必即是儒家所謂的「聖人」，道家所謂的「至人、真人」，佛家所謂的「菩薩、佛」，亦即康德所謂「理想的哲學家」。）

哲學之為智慧學（實踐的智慧論）——最高善論，這雖是哲學一詞之古義，但康德講最高善（圓滿的善）之可能，卻不同於古人。他是從意志之自律（意志之立法性）講起，先明何謂善，然後再加上幸福而講圓滿的善。此圓滿的善之可能的解答，他是依據基督教傳統來解答的，即，由肯定一人格神之上帝而使「德福一致」成為可能。而先生講圓教與圓善，則依據儒學傳統，直接從孟子講起。

孟子的基本義理，正好是自律道德，而且透闢地首發於二千三百年前，真是不同凡響。至於「圓滿的善」（德福一致）之問題，以前儒者不甚措意，孟子亦未積極考慮此一問題而予以解答。（此蓋由於先重「德」一面之故。）但「天爵、人爵」亦是孟子所提出者，此正表示德與福之兩面，而可以由之而引向「圓善」之考慮。至於「圓善」之意識，則是後來漸漸發展而成。儒家由孔子之仁開端，原有上下內外本末通而為一的粗略規模。道家老莊亦有。不過圓教之所以為圓教的獨特模式，卻首先見於佛家天台宗之分判「別、圓」。若以此為準而予以鄭重之注意，則儒聖之圓境，乃首先見之於王弼言「聖人體無」與向秀郭象注莊所發之「跡本論」；此等玄談雖假託道家理境而顯示，但圓境卻必須歸之於儒聖。由此一線索，即可啟發出依儒家義理而說儒家之圓教。依儒家之義理說圓教，必須順王學之致良知而發展至王龍溪之「四無」，再由此而回歸於程明道之「一本」與胡五峰之「天理人欲同體異用」，始正式而顯出。始可正式解答圓善之可能。此則不同於康德之解答。

視圓滿的善為一問題，是來自西方；而正式解答之，則始自康德。但康德之解答是依基督教之傳統而作成，此並非一圓滿而真實之解決。先生此書所作者，則依於圓教之義理，以期得一圓滿而真實之解決。唯「圓教」並非一易明之觀念，不但西方哲學無此觀念，即儒道兩家亦不全備，此乃由天台智者大師之判教而逼顯出者。判教乃一大學問，能判之而彰顯圓教之何所是，尤其是一大智慧。先生以此智慧為準，先疏通向郭注莊而確立道家之圓教，次疏通儒學發展至王學之四有四無，再回歸於明道之一本與五峰之同體異用，而確立儒家之圓教。圓教確立，用於圓善，則圓善之圓滿而真實的解決，可以得矣。

先生以為，(1)吾人若不能洞曉道家「無」之性格，與佛家「般若」之性格的共同性，則不能解除後世儒者對於佛老之忌諱（此一忌諱，對儒家義理之充分開發，形成大障礙）。(2)吾人若不能了解儒家系統是「縱貫縱講」之創生系統、佛老是「縱貫橫講」之非創生系統，則不能證立三教皆有「智的直覺」之肯認；此而不能被肯認，則必致使三教之宗趣自相刺謬。(3)吾人若不能證立三教無限智心既是成德之根據亦是存在之根據，則必不能預規圓教之規模，因而圓善之可能亦不可得而期矣。(4)吾人若不能了然於「分別說」與「非分別說」之足以窮盡人類理性之一切理境，而非分別說又有a.屬於「無限智心之融通淘汰之作用（無）」者，亦有b.屬於「存有論的法之存在」者（即，有縱貫縱講者，亦有縱貫橫講者），則不能知何以必在兩義兼備之非分別說中成立圓教，因而亦不能知何以必須在此究極圓教中始能得到圓善問題之圓滿而真實的解決。

以上所說，皆先生經由長途跋涉，披荊斬棘，而必然地達到者。其中經過「才性與玄理」、「佛性與般若」、「心體與性體」、「從陸象山到劉蕺山」等書之寫作，以及與康德之對比，始達到此必然的消融。先生自謂，吾愧不能如康德之四無依傍，獨立運思，直就理性之建構性以抒發其批判的哲學；吾只能誦數古人已有之慧解，思索以通之，然而亦不期然而竟達至消融康德之境而使之百尺竿頭再進一步。於以見「概念之分解、邏輯之建構」，與歷史地「誦數以貫之，思索以通之」，兩者之絕異者實可趨於一自然之諧和。（唯中間必須隨時有批判與抉擇，以得每一概念之正位。）

先生指出，柏拉圖、亞里斯多德、宗教耶穌、聖多瑪斯、近世笛卡兒、萊布尼茲、洛克、休謨、康德、羅素，代表西方之慧解；孔、孟、老、莊、王弼、向秀、郭象、智顗、荊溪、知禮、杜順、智儼、賢首、濂溪、橫渠、明道、伊川、五峰、朱子、象山、陽明、蕺山，代表中國之慧解。而中西融通之橋梁乃在康德。西方多激盪，有精采，亦有虛幻；中國多圓融平實，但忌昏沉，故須建構以充之。圓融不可以徒講，平實不可以苟得。非然者，必下趨於昏沉，而暴戾亦隨之，皆可悲也。

在此書最後，先生指出，圓善之問題，依康德，必涉及目的王國與自然王國之綜和，而此兩王國之合一即為上帝之王國。因此，哲學系統，由兩層立法所成者，必至上帝王國而止，那就是說，圓善之問題必引至哲學系統之究極。今依中國傳統說，圓善之問題必在圓教中得解決，而兩層王國之諧一，亦唯在圓教中始有真實之可能。若只緊抱「上帝保證圓善之可能」此一信念，則為期圓善不落空，自必歸於「祈福祐、求眷顧」之宗教；而只知祈禱做禮拜之宗教既為康德所放棄，則康德所主張的道德的宗教亦終將不可保（因為人們可以不理會你那套道德之勸戒，而只著重於求上帝之眷顧）。因此，康德在圓善問題上仍然歸於上帝之信仰，乃是其道德哲學之不徹底、實踐理性之未能充其極，此只可說是實踐理性之「始教」或「別教」。若實踐理性充其極而至「圓教」，則人格神之上帝以及以上帝來保證圓善之可能必被拆穿，此乃康德思路所必應有之歸宿。

是故，圓教必透至無限智心始可能。如是，吾人以「無限智心」代上帝。（因為無限智心之人格神化，實為情執，不如理故。）無限智心必須落實（不應對象化而為人格神）。落實云者，人能體現之之謂。人能體現之始見無限智心之實義。（對象化而為人格神，則只是情識崇拜祈禱之對象，其實義不可見；實義不可見，則吾人不能證知其於德福一致問題之解決，將能有何作用。）無限智心能落實而為人所體現，體現之而至於圓極，則為圓聖。

在圓聖之理境中——

1.無限智心之實義可完全得見：既可依其自律而定吾人之天理，又可依其創生遍潤之作用而使萬物（自然）有存在，因而「德福一致」之實義（真實可能）亦可得見。

2.圓聖依無限智心之自律天理而行，即是「德」，此為目的王國；無限智心於神感神應中潤物生物，使物之存在隨心轉，此即是「福」，此為自然王國。（此自然，是物自身層之自然，非現象層之自然，康德說上帝創造自然是創造物自身之自然，不創造現象的自然。）兩王國之「同體相即」，即是圓善。圓教使圓善為可能；圓聖體現之使圓善成為真實的可能。

因此，依儒聖智慧之方向，儒家判教是始乎為士，而終乎聖神。

(1)士尚志，特立獨行之謂士。禮記儒行篇皆士教也。「可欲之謂善（此可欲、指義理言），充實之謂美，充實而有光輝之謂大」。此三義是由士而進於賢，亦可說是「賢位教」。

(2)「大而化之（大而無大相）之謂聖」，此是賢而聖，亦可說是「聖位教」。以天地萬物為一體，乃至「與天地合德，與日月合明」云云，皆聖位教也。

(3)「聖而不可知之之謂神」，此是聖而神（神感神應之神），亦可說是「神位教」（四無教）。孟子所謂「君子所存者神，所過者化，上下與天地同流，豈曰小補之哉！」

此等語句即是聖而神之四無義也。

如是，由士而賢，由賢而聖，由聖而神，「士、賢、聖、神」一體而轉。人之實踐的造詣，隨根器之不同及種種境況之限制，而有各種等級之差別，然而聖賢立教則成始而成終矣。至聖神位，則圓教成。圓教成，則圓善明。圓聖者，體現圓善於天下者也。此乃人極之極則。哲學思考至此而止。（中間之餘義，則詳見「現象與物自身」，復見此書之附錄：「存有論」一詞之補文。）

書末，先生有一頌云：

中西有聖哲，人極賴以立。
圓教種種說，尼父得其實。

復為之歌以詠之曰：

儒聖冥寂存天常，孟軻重開日月光。
周張明道皆弗違，朱子伊川反渺茫。
象山讀孟而自得，陽明新規亦通方。
四有四無方圓備，圓教有待龍谿揚。
一本同體是真圓，明道五峰不尋常。
德福一致渾圓事，何勞上帝作主張？
我今重宣最高善，稽首仲尼留憲章。

六、附記與補述

甲、「時代與感受」：感通無隔的怵惕惻隱之心

民國七十三年三月，鵝湖出版社輯印先生近數年來之講錄，書名為「時代與感受」，共四百三十頁。

先生自序指出，一個人處於非理性的時代，即不能不理會此非理性時代之何由而來。此中所含之問題，不只是泛泛的思想問題，而是人類價值的標準問題、人類文化的方向問題。先生自讀大學開始，即面對國家處境之艱難與邪僻思想之猖獗而有痛切之感，歷經五十餘年之災害與劫難，感愈深而痛愈切。蓋先生文化意識之緜穆與族類之感之強烈，時時念念皆是「怵惕惻隱之心」的顯發與感通，故當前時代有關民族生命與文化方向之種種問題，皆在先生一貫的關切與感受之中。

在先生五十歲以前，應報刊需要而隨機撰寫的短文，曾由台北三民書局輯印為「生命的學問」，於民國五十九年出版。先生在該書小序中，指出那些短篇文字，不管橫說豎說，總有一中心觀念，即在——

提高人的歷史文化意識
點醒人的真實生命
開啟人的真實理想

此所以取書名曰「生命的學問」。生命總是縱貫的，立體的。而時下專注意於科技之平面的橫剖的意識，則總是走向腐蝕生命，而成為「人」的自我否定。這一個辨識，極為重要。中國文化的核心是生命的學問。由真實生命之覺醒，向外開出「建立事業與追求知識」之理想，向內滲透此等理想之真實本源，以使理想真成其為理想，此方是生命的學問之全體大用。

而此書所輯二十四篇文，則大部分為先生七十歲以後公開演講之講錄，而先生對時代之感觸，其層面亦益發深廣。諸如：

當代中國所遭受的「觀念的災害」
有關「美國與中共拉邦交」之審察與批判
中共所謂的「平反」與真實的「平正」之道
中共之僻執與理性之坦途
中國文化的斷續問題
哲學的用處
中國哲學的未來
中國知識分子的命運
漢宋知識分子的規格與當前知識分子立身處世之道
宗教、道德與文化

中國文化之問題

從儒家的當前使命說中國文化的現代意義

文化建設的道路

中國文化大動脈中「現實關心」與「終極關心」之問題

凡此等等，皆是先生在半個世紀的劫難中親身所感受的問題。先生在此書序言末段有云：

我的一生，可以說是「為人類價值之標準與文化之方向而奮鬥以伸展理性」之經過。

這一句簡單的話，正是他豐富而真實的「智、仁、勇」之恰當表白。先生以數十年之精誠，徹底疏通了中國智慧之傳統（如「才性與玄理」、「佛性與般若」、「心體與性體」、「從陸象山到劉蕺山」諸書對儒釋道三家之闡釋），並疏通了中國文化發展中之癥結（如「道德的理想主義」、「歷史哲學」、「政道與治道」諸書對中國文化問題之反省與疏導），並亦隨時依據上述諸書之義理與思想，作了一些較為通俗的演講。故此「時代與感受」書中之所說，皆有所本，絕非即興漫談之言。

在先生校訂此部講錄之時，適見王邦雄刊於鵝湖第一百期之文：「從中國現代化過程中看當代新儒家的精神開展。」文中對於曾、胡洋務，康、梁維新，下屆保皇、保教、國粹諸想法之陋劣與義和團之愚迷，以及五四新文化運動之激情，直到馬列邪執之征服大陸，這一步一步的扭曲與顛倒，皆作了綜括性的評述。而這一步一步的扭曲顛倒，正是中國步入非理性的時代之寫照。邦雄以其通識與慧解，道說其故甚為諦當而確切，故先生特將此文列為「時代與感受」一書之導言。

近三數年來，先生又陸續有講論。鵝湖社亦有意將講錄之文輯為「時代與感受」續篇。另外，先生在師大三年開講「中國哲學專題研究」之錄音，也將絡續整理發表。

乙、「周易的自然哲學與道德函義」：第一部著作之重印

此書為先生第一部著作（原名：從周易方面研究中國之玄學與道德哲學），完稿於大學三年級，時為民國二十一年，先生二十四歲。

據先生民國七十七年三月之「重印誌言」，可知此書之撰著、出版、遭際、復現、重印，頗為奇特：

一、先生讀易經，乃是私下用功，既無人知，亦無人指導，更無授此課者。故此書純係先生生命深處獨自開闢出來之領域。

二、此書完稿之後，先厄於當時北大文學院長胡適先生之偏見，再厄於先生數理邏輯受業師張申府氏之漫忽。諺云「開船先遇打頭風」，此之謂歟！

三、唯當時講中國哲學之老先生，如李證剛氏、林宰平氏，則對此書稿甚為稱讚，而甫自杭州回北大之熊十力先生，對書中胡煦一章特為嘉許，以為胡煦確有哲學家之頭腦，而謂先生發掘其人其書，對學術大有貢獻。另有剛自美國回國精於邏輯而識見

特異之沈有鼎氏，則盛讚此書是「化腐朽為神奇」。

四、此書之出版與復現，則幸賴山東山西兩位王先生。山東王培祚先生乃先生北大同學，慨然資助此書之出版。山西之王谷先生，則於衰老之年與先生相識於台中，乃將所攜此書之孤本割愛而歸之先生。如今此書之得以重印，實拜王翁之美意也。

五、此書重歸先生後，又為人展轉借閱，隨時有失落之虞，門人屢請重印，先生皆漫應之而意不積極，幸得楊祖漢君屢申前請，此一天涯孤本始得由台北文津出版社重印，而列為「鵝湖學術叢刊」之一。上距此書之問世，已逾半世紀餘，可不謂萬幸歟！

此書所論，重在整理漢易（含孟氏易、京氏易、鄭氏易、荀氏易、虞氏易），及介述清初胡煦之周易函書，與焦循之易學三書。此皆易學中之專學，而民國以來，竟無人觸及之。於此，先生慨然致問曰：「試看這五、六十年來，無論哲學界或國學界，有這樣整理漢易的嗎？有講胡煦周易函書的嗎？有講焦循易學三書的嗎？吾未之見也！」

先生指出，漢易是通過卦爻象數之路以觀陰陽氣化之變。至清初胡煦仍走此路而講得更自然、更妥貼、更通貫。其所展示之理境是卦爻象數下中國式的自然哲學，而兼示出人事方面之許多道德函義。焦循則直接由卦爻象數之關係而建立其「旁通情也」的道德哲學。就易經卦爻象數而言，漢易與胡煦所達成的自然哲學，是正宗；而焦循所達成的道德哲學，則是工巧的穿鑿，並不能契入道德心性以上企高明。

先生又謂，就易經之卦爻象數而講成自然哲學，是往下講，雖講至此書第五部「易、理、和之絜合」，亦仍然是往下講。必須就經文而正視易傳，把易傳視為孔門義理，就此作為孔門義理之易傳而講儒家的道德形上學，才是往上講，此方是「潔淨精微」之「易教」。此往上講之一路，乃先生五十以後之工作。在大學階段則尚未能了解此一層之義理，故此書第二部講晉宋易，於王弼與朱子之易學皆未達於明透。

自今日觀之，先生雖覺此書有許多「謬妄不諦之論、幼稚不雅之辭」，然闡幽顯微，使古德之思想得以流傳於世，亦正是此書重大價值之所在。而先生亦曰：「此一微末不足道而卻發之於原始生命的充沛想像之青年作品，實足占當時學術思想界之分野，並可卜六十年來吾之艱困生活之經過以及學思努力之發展。此是一生命之開端起步，其他皆可肇始於此也。」

謹按、先生視此書之撰著為學思之開端起步（第一階段），「理則學」與「認識心之批判」之寫成為第二階段；而民國三十八年來台以後之學思則總為第三階段。唯筆者介述先生之學思著作，則又將先生所說之第三階段，以十年為一期而再劃分為四個階段。如此，乃更能了然於先生學思之「與時俱進」及其慧解之「日益深徹」。

丙、補述：「名家與荀子」、「從陸象山到劉蕺山」

(一) 名家與荀子

十年前，筆者撰文介述先生之學思歷程與著作時，已知先生有意將「荀學大略」一小冊與論惠施、公孫龍各文合編成書，故於該文第四階段介述「才性與玄理」而言及名理之學時，曾以四百餘字兼帶說明。次年（民國六十八年）三月，「名家與荀子」由學生書局出版，內含：一、惠施與辯者之徒的怪說，二、公孫龍之名理，三、荀學大略。全書共二百七十頁。

先生將名家與荀子連在一起，旨在指述中國文化發展中「重智」的一面，同時並指出先秦時期之名家，通過墨辯而至荀子，乃屬一系相承的邏輯心靈之發展，但自後未見繼起之相續，實為可惜。先生綜論惠施之名理，並據莊子天下篇「歷物之意」八事，加以詳細之疏解與衡定；又將「辯者之徒」的怪說二十一事，依「合同異」與「離堅白」之分組而再作精確之考察與分判。以為合同異組中之怪說，大體終於為怪說；而離堅白組中之怪說，則可並不為怪，由此也可看出「合同異」之思理並不容易了解，必須進到莊子之玄理，乃能見出合同異之恰當而成熟的發展。惠施與莊子相友善，其年歲似稍長，而境界與造詣不及莊子，故惠施從名理境而講的合同異，最後為莊子從玄理境而講的合同異所消融。至於離堅白組之思理，則乃公孫龍之所獨著，而不易消融於道家或儒家。但公孫龍之學亦無善紹者，故終於式微而不彰。所謂「離堅白」，意謂堅白不相盈而相外，「堅」與「白」乃兩個獨立的概念，各有其獨立的自性，可以離而自存自有。公孫龍之名理，略見於「公孫龍子」一書，其中跡府篇記公孫龍之故事，餘五篇則為純名理之談。先生詳細疏解其「名實篇」、「白馬論」、「通變論」、「堅白論」四篇，而「指物論」一篇，則以難得的解而未著筆，唯先生對於此篇之見解，在書之序文中亦已提出詳確之說明。

至於荀子之學，既以言性惡之故而為儒家正宗所斥，而晚近論荀學者亦仍然未能觸及荀子的學術心靈。直到先生作「荀學大略」，乃真能抉發荀學之真精神。荀子尊名崇數，實具邏輯之心靈，其心靈與路數，可說根本就是名數的。雖只作正名篇以開其端，而並未開出全部名數之學；但其心靈確屬名數之心靈，其精神亦是積極建構之精神。先生疏導荀子之學，指出其思路與西方重智系統相接近，此亦正是「疏通中西文化之命脈而期有一大融攝」之一例也。

㈡「從陸象山到劉蕺山」

在前文第四階段第四節，雖曾對此書加以介述，但當時尚未出書，至民國六十八年八月，始由學生書局出版。此書講說陸王與蕺山之學，實即「心體與性體」之第四冊也。書分六章，共五百四十頁。第一章、象山之「心即理」；第二章、象山與朱子之爭辯；第三章、王學的分化與發展；第四章、「致知議辯」疏解；第五章、兩峰、師泉與王塘南（江右王門之演變）；第六章、劉蕺山的慎獨之學。

先生指出，宋明儒學乃是先秦儒學之嫡系，亦是中國文化生命之綱脈。隨時表而出之，是學問，亦是生命。自劉蕺山絕食而死，此學隨大明之亡而亦亡。自滿清入主，中國之民族生命與文化生命遭受重大之曲折，因而步入一大劫運之中，直至於今而猶未已。故有清以下，先生「不欲觀之矣」。至於邪僻卑陋而不解義理為何物者之胡言亂語，先生更不欲浪費筆墨於其中。

儒家之學，自孔孟立教，即是「解行雙彰」，有本體，有工夫，乃扣緊實踐以明道理者。宋明諸儒，濂溪、橫渠、明道，皆有其實踐之規模。然三人之實踐工夫亦不過「明本心」耳，故可收攝於象山。自實踐規模言，象山提綱挈領，略舉端緒，至陽明而較詳，至蕺山而尤詳。蕺山所以詳而完備者——

(1)本體方面，彼兼言「心宗」與「性宗」。周、張、大程所言之道體性體盡攝於其所説之性宗中，而心與性不可分合言，而總歸是一，則陸王之只由心宗言亦無礙；至於伊川朱子所言之道體性體（理）只存有而不活動者，則必須放棄而使之歸於即存有即活動；如是，本體方面一矣。

(2)本體既一，則工夫方面決不能走伊川朱子格物窮理的順取之路，必須扭轉而為逆覺之路；如是，則工夫亦一矣。

審視作為宋明儒之綱柱的九人之中，伊川朱子而外，濂溪、橫渠、明道、五峰、象山、陽明、蕺山等七人，皆屬逆覺之路。（正因工夫為逆覺，故本體方面，無論自心體言或自道體言，必為「即存有即活動」者；正因本體為即存有即活動，故工夫必為逆覺。）

先生又謂，本體者，道德實踐中之本體，即自由自律之無限心是也（客觀超越地言之，即為道體性體）。工夫者，道德實踐中之工夫也，故必由逆覺呈本體以化過惡，此焉能取決於外在的格物窮理耶？又云，如此言本體與工夫，正是依自律原則而行的內聖成德之教所必函，此乃必然者，絕無其他交替之可能。異乎此者，即為異端，即為歧出，而不自覺地落於他律道德矣。伊川朱子正是不自覺地落於他律道德者，此不可諱也，亦不必為之曲辯也。本體與工夫既得其正，則格物窮理中所含的知識義之道問學，便只是內聖成德之助緣，而並非基要（本質）之工夫。

先生又云：人生之全體固不只是道德，然必須以道德為本。如是，若進而再以道德融攝知識，則道問學亦可以得其分矣。如此，方為朱陸異同之解消，亦是宋明儒學之大通。（先生自謂，心體與性體四大冊最後之評判，不過如此。）

丙、著作出版年次表

1. 從周易方面研究中國之玄學與道德哲學

·民國二十四年自印本（天津大公報承印）

·民國七十七年台北重印，改名為「周易的自然哲學與道德函義」。

2. 邏輯典範

·民國三十年九月，香港、商務印書館印行。

3. 理性的理想主義

·民國三十九年一月，香港、人文出版社印行。（四十八年，增訂擴充為「道德的理想主義」。）

4. 荀學大略

·民國四十二年十二月，台北、中央文物供應社印行。（六十八年，編入「名家與荀子」書中。）

5. 王陽明致良知教

·民國四十三年四月，台北、中央文物供應社印行。（六十八年，抽出書中「致知疑難」一章，編入「從陸象山到劉蕺山」第三章第一節為附錄。）

6.歷史哲學

·民國四十四年夏月，高雄、強生出版社印行。
·民國五十一年三月，香港、人生出版社增訂印行。
·民國六十三年，台北、學生書局重印出版。

7.理則學

·民國四十四年十一月，台北、正中書局印行。

8.認識心之批判（上下冊）

·民國四十五年九月，香港、友聯出版社印行上冊。
·民國四十六年三月，香港、友聯出版社印行下冊。
·民國七十三年，台北、師大美術社影印流通。
·民國七十九年，台北、學生書局重印出版。

9.道德的理想主義

·民國四十八年十一月，東海大學印行。
·民國六十七年八月，學生書局重印出版。

10.政道與治道

·民國五十年二月，台北、廣文書局印行。
·民國六十九年四月，台北、學生書局重印出版。

11. 魏晉玄學

·民國五十一年，台中、中央書局出版。（此書係東海大學輯印，只有六篇，不夠完整，次年出版之「才性與玄理」，方為完整之專著。）

12. 中國哲學的特質

·民國五十二年一月，香港、人生出版社印行。
·民國六十二年二月，台北、蘭台書局影印流通。
·民國六十三年八月，台北、學生書局重印出版。
·民國六十七年，漢城、韓文版發行。

13. 才性與玄理

·民國五十二年九月，香港、人生出版社印行。
·民國六十三年，台北學生書局重印出版。

14. 心體與性體（共三冊）

·民國五十七年五月，台北、正中書局出版第一冊。
·民國五十七年十月，台北、正中書局出版第二冊。
·民國五十八年六月，台北、正中書局出版第三冊。

15. 生命的學問

·民國五十九年九月，台北、三民書局印行。

16. 智的直覺與中國哲學
·民國六十年三月，台北、商務印書館印行。
17. 現象與物自身
·民國六十四年八月，台北、學生書局印行。
18. 佛性與般若（上下冊）
·民國六十六年六月，台北、學生書局印行。
19. 名家與荀子
·民國六十八年三月，台北、學生書局印行。
20. 從陸象山到劉蕺山
——「心體與性體」（第四冊）
·民國六十八年八月，台北、學生書局出版。
21. 康德的道德哲學（譯註）
·民國七十一年九月，台北、學生書局印行。
22. 康德純理性之批判（譯註、上下冊）
·民國七十二年三月，台北、學生書局出版上冊。
·民國七十二年七月，台北、學生書局出版下冊。
23. 中國哲學十九講
·民國七十二年十月，台北、學生書局印行。

·民國七十四年十月，漢城、韓文版發行。

24. 中國文化的省察（中英對照本）

·民國七十二年十二月，台北、聯經出版公司印行。

25. 時代與感受

·民國七十三年三月，台北、鵝湖出版社印行。

26. 圓善論

·民國七十四年七月，台北、學生書局印行。

27. 名理論

·民國七十六年八月，台北、學生書局印行。

28. 周易的自然哲學與道德函義

·民國七十七年四月，台北、文津出版社印行。

29. 五十自述

·民國七十八年一月，台北、鵝湖出版社印行。

30. 中西哲學之會通十四講

·民國七十九年三月，台北、學生書局印行。

31. 康德判斷力之批判（譯註、上下冊）

·民國八十一年十月，台北、學生書局出版上冊。

·民國八十二年一月，台北、學生書局出版下冊。

32.人文講習錄
·民國八十五年二月，台北、學生書局印行。
33.大陸時期論文集（編印中）
34.時代與感受續編（編印中）
35.四因說演講錄（編印中）
※牟宗三先生的哲學與著作（七十祝壽集）
·民國六十七年九月，台北、學生書局印行。
※牟宗三先生學思年譜（初稿）
·民國八十五年二月，台北、學生書局印行。
※牟宗三先生紀念集（編印中）

附錄㈠：學行事略

先生諱宗三，字離中，民國前三年（一九〇九）夏曆四月二十五日，生於山東棲霞祖宅。民國八十四年四月十二日，病逝台北市台大醫院，享壽八十七歲。

棲霞牟氏，係明太祖洪武年間自湖北遷來。經數百年之繁衍，遂為縣內最大姓族。先生系出老八支中之第四支，世代耕讀相續，至先生祖父之時，家道極為衰微貧窘。先生尊翁蔭清公初營一騾馬店，後改營繅織業副助農耕，克勤克儉，始稍足溫飽。蔭清公喜讀曾文正公家書，夜間亦常諷誦古文，聲調韻節，穩健而從容。為人剛毅守正，有令譽於鄉里。德配杜氏，有懿德。生子三，長宗和，次宗德，先生其季也。

民國十六年，先生入國立北京大學預科，兩年後升哲學系，二十二年畢業。在大陸時期，先後任教於華西大學、中央大學、金陵大學、浙江大學，以講授邏輯與西方哲學為主。三十八年來台，任教台灣師大與東海大學，講授邏輯、中國哲學史與人文課程。四十三年，受聘為教育部學術審議委員。四十九年，應聘赴香港大學，主講中國哲學。五十七年由港大轉香港中文大學新亞書院，任哲學系主任，先後講授魏晉玄學、南北朝隋唐佛學、宋明理學，以及康德哲學、知識論等課程。六十一年，赴檀島出席東西哲學家會議。六十三年，自中文大學退休，任教新亞研究所，為哲學組導師。六十五年，應教育部客座教授之聘，先後講學於台灣大學哲學研究所、台灣師大國文研究所，並應聘為東海大學、中央大學榮譽講座教授。七十三年，榮受行政院國家文化獎章。七十九年，香港大學特授予名譽文學博士。

先生於大學三年級時，從游於黃岡熊十力先生之門，三十一歲獲交唐君毅先生，一師一友，相得最深。熊先生以為北大自有哲系以來，唯先生一人為可造。而唐先生則於未嘗晤面之先，見其文而知其人，之後又謂先生天梯石棧，獨來獨往，高視闊步，有狂者氣象。敬維先生之所成就，是真可告無愧於師友矣。

先生之學，規模宏遠，思理精嚴。而所著各書，皆針對時代與學術之問題，而提供一解決之道。故其著作與哲學思想，宜一併加以說明。

中國文化以儒家為主流，以諸子百家為旁枝。而秦漢以後，復有其大開大合之發展，是即魏晉玄學、南北朝隋唐佛學、宋明理學三階段。先生撰著「才性與玄理」、「佛性與般若」、「心體與性體」三書，以釐清各階段學術思想之系統脈絡，使儒釋道三教之義理價值，煥然復明於世。而今後講中國哲學史者，則更可同時參閱其「中國哲學十九講」，以得其上下通貫之綱領條脈。

依孔孟之教，內聖必通外王，而如何開出外王事功，實乃中國文化生命之癥結所在。先生撰著「道德的理想主義」、「歷史哲學」、「政道與治道」三書，其主旨即在：本於內聖之學以豁醒外王大義，進而解答中國文化中政道、事功、科學之問題。另有演講集「時代與感受」，更對中國現代化之途徑，多所開示。而與唐君毅、徐復觀、張君勱諸先生聯名發表之中國文化宣言，其所開顯之文化理想與思想方向，影響尤為深鉅。近年大陸學界之回歸儒家與中華文化，亦實以此一宣言為重大之契機。

先生自早歲治西哲之學，即已見出羅素之數學原理與康德之純理批判，乃西方近世學問之兩大骨幹。此皆中國學術傳統之所缺。故奮力撰著「邏輯典範」、「認識心之批判」二書，以扭轉羅素之歧出，照察康德之不足。二十年後，又陸續撰成「智的直覺與中國哲學」、「現象與物自身」、「圓善論」三書以及「真美善之分別說與合一說」之專論長文。其主旨乃在抉發中國傳統哲學之奧義以融攝康德，並藉資康德哲學以充實中國文化。先生綜攝儒釋道三教之精髓，打通中西哲學之隔閡，再以創發性之詮釋，賦予「一心開二門」以新的意義與功能：開出兩層存有論。先生此步工作，實已為中西哲學開顯交會融通之坦途。而「中西哲學之會通十四講」，亦旨在兼通學術性與時代性，期能疏導人類智慧之核心，以達於中西學術之大通。

先生以為，通中西文化之郵，以使雙方相資相益，康德實為最佳之橋梁；故雖老年而猶鍥而不舍，以一人之力將康德三大批判全部漢譯出版，此乃二百年來世界第一人。先生自謂：此書之譯，功不下於玄奘羅什之譯唯識與智度，超凡入聖，豈可量哉，豈可量哉！然真正仲尼臨終不免歎口氣，人又豈可妄哉，豈可妄哉！

先生八十大壽時嘗云：從大學讀書以來，六十年中只做一件事，是即「反省中華民族之文化生命，以重開中國哲學之途徑」。蓋學術生命之暢通，象徵文化生命之順適；文化生命之順適，象徵民族生命之健旺；民族生命之健旺，象徵民族魔難之化解。無施不報，無往不復，文化慧命與哲學義理之疏通闡發，既已開啟善端，則來日中華文化之光大發皇，正乃理所當然勢所必至之事，可預卜矣。

先生德配王氏夫人，生子二，長伯璇，次伯璉。孫四人，紅成、念僑、念佐、念輝。孫女五人，念曉、念許、紅萍、鴻貞、鴻卿。曾孫三人，雁行、雁秩、雁信。皆在山東老家。民國四十七年，先生與趙惠元女士締婚，生子元一，留學美國，寓居香港。乃子若孫，皆各自成立，克紹家聲。近二三年，孫女貞、卿姐妹先後來台奉侍先生，孝行可嘉。

綜觀先生一生，無論講學論道，著書抒義，莫不念念以光暢中國哲學之傳統、昭蘇民族文化之生命為宗趣。其學思之精敏，慧識之弘卓，與夫文化意識之緜穆強烈，較之時流之內失宗主而博雜歧出者，夐乎尚矣。

大雅云亡，邦國殄瘁。哲儒謝世，中外哀悼。同仁等於仰念哀思之餘，敬謹贊以辭曰：

光尼山之道統　弘黃岡之慧命

擴前哲之器識　發儒聖之光輝

附錄(二)：喪　紀

民國八十四年四月十二日下午，先生謝世。五時半，自台大醫院移靈於台北市立第一殯儀館。當晚七時，門人等假鵝湖講堂召開治喪籌備會，商討治喪諸事宜，並酌定治喪委員會初步名單，後經多番調整，於二十日最後定案。訃文、學行事略亦同時校對定稿。二十二日發送訃告。

甲、訃告文：（從略）

乙、學行事略：（見前）

丙、治喪委員會名單：

主任委員：王惕吾（聯合報系老董事長）

副主任委員：蔣彥士（總統府資政，前教育部長）

委　　員：丁文治（學生書局董事長）

王必成（聯合報發行人）

王必立（經濟日報發行人）

王邦雄（中央大學教授、台北大學籌備委員）

王效蘭（民生報發行人）

方穎嫻（任教於香港大學中文系）
尤惠貞（任教於中正大學中研所）
全漢昇（香港新亞研究所所長）
朱建民（中央大學文學院院長）
朱維煥（中興大學中文系教授）
杜維明（美國哈佛大學教授）
余傳韜（前中央大學校長）
余範英（工商時報董事長）
李明輝（中研院文哲所研究員）
李祖原（名建築師）
李淳玲（美國中國哲學與文化研究基金會董事長）
李瑞全（任教於香港中文大學教育學院）
何淑靜（美國中國哲學與文化研究基金會董事）
岑溢成（中央大學中研所教授）
吳　明（任教於香港新亞研究所）
周文傑（任教於台中師院，現已退休）
周博裕（鵝湖月刊社社長）
周群振（台南師院教授，現已退休）

林安梧（任教於清華大學）
林清臣（醫師、任職日本大阪醫院）
胡以嫻（美國中國哲學與文化研究基金會董事）
唐亦男（成功大學中文系教授）
徐　端（鵝湖月刊發行人）
袁保新（中央大學哲研所所長）
高柏園（淡江大學中研所所長）
孫守立（任教於南亞工專）
梁尚勇（監察委員、前台灣師大校長）
梁承武（韓國中央大學文學院院長）
梅可望（前東海大學校長）
陳問梅（東海大學中文系教授）
郭大春（美國華盛頓大學教授）
郭為藩（教育部長，前台灣師大校長）
勞思光（前香港中文大學教授）
曾昭旭（中央大學中研所教授）
黃振華（台大、文大哲學系主任，現已退休）
黃慶明（中國文化大學哲學系教授）

程兆熊（中國文化大學哲研所教授）
萬金川（任教於銘傳管理學院）
虞兆中（前台灣大學校長）
楊祖漢（中國文化大學哲學系教授）
潘振球（國史館館長）
鄭淑敏（行政院文建會主任委員）
劉昌平（聯合報社長）
劉述先（香港中文大學哲學系教授）
劉　真（前台灣師大校長）
劉國瑞（經濟日報社長）
劉國強（任教於香港中文大學教育學院）
蔡仁厚（東海大學哲研所教授）
閆振興（前台灣大學校長）
霍韜晦（任教於香港中文大學、法住學會會長）
盧雪崑（任教於香港新亞研究所）
戴璉璋（中研院文哲研究所所長）
謝仲明（任教於東海大學哲學系）
鄺錦倫（任教於東海大學哲學系）

蕭振邦（任教於中央大學哲研所）
蘇新鋈（任教於新加坡大學中文系）
總　幹　事：陳癸淼（立法委員、前中興大學教授）
副總幹事：王財貴（任教於台中師院）
顏國明（任教於淡水工商學院）
范良光（文化大學哲研所博士研究生）
工作人員：（列名於此，以誌賢勞）
陳德和（鵝湖月刊主編）
黃梅英（鵝湖月刊執行編輯）
江日新（鵝湖月刊編委）
霍晉明（鵝湖月刊編委）
黃新新（學生書局業務部經理）
高齡芬（任教於光武工專）
林月惠（台大博士研究生）
金貞姬（台大博士研究生）
王大德（文大博士研究生）
樊克偉（文大研究生）
鄧秀梅（文大研究生）

黃亦珉（師大國文系肄業）
牟鴻貞（先生之孫女）
牟鴻卿（先生之孫女）

·四月十三日，假鵝湖月刊社設置靈堂，門弟子於遺像兩側敬懸輓聯云（周群振撰）：「天地人精神相通，其誰踐形無間；儒釋道義理俱在，唯師判教分明。」靈堂前端，以長桌陳列先生遺著，並播放先生講學錄影帶。聲氣迴盪，又親教誨；師恩罔極，道範長存。嗚呼！……上午，國史館長潘振球首先前來上香行禮。隨後，國民黨副秘書長祝基瀅、文工會主任簡漢生、教育部長郭為藩等亦前來行禮。總統府送來總統、副總統、正副秘書長之花籃，以示哀敬。下午，聯合報系老董事長王惕吾偕經濟日報社長劉國瑞來靈堂行禮，並表示願為先生出版全集云。趙氏夫人於三時許率孝男元一，由石元康蔡美麗夫婦陪同，來靈堂行禮致哀。連日來，總統府資政蔣彥士、行政院院長連戰、前台灣師大校長劉真、名建築師李祖原等各界人士，以及師大國文系，台大、東海、中央、文化各大學哲學系所師生，亦皆致送花籃，以表哀思。

·四月十三日起，台北各報先後出刊紀念先生之專刊，茲記述如下：（按：四月下旬以後，各報之紀念專輯，皆由鵝湖月刊社長周博裕接洽規劃，其刊出之照片，亦皆由周博裕、周俊裕攝影提供。）

㈠中央日報：四月十三日，長河版編輯部以「思想的巨人，寂寞的新儒家：當代哲學大師牟宗三先生走完薪傳智慧的一生」標題，出刊「牟宗三先生的哲學與生命學問」紀念專刊。十九日，長河版刊出蔡仁厚之〈一生著作，古今無兩：牟宗三先生病中垂語〉。五月二日，中副編輯部以「追隨的年代，告別的身影：門弟子心目中的牟宗三先生」標題，出刊紀念專輯，撰文者：王邦雄、謝仲明、高柏園、霍晉明等。

㈡聯合報：四月十三日，要聞版報導「哲學大師牟宗三病逝台北」。讀書人版刊出以「新儒家最理性的一筆：牟宗三」為題之專文報導。聯副版以「天地一哲人」標題，出刊「牟宗三先生紀念專輯」，除趙衛民整理之牟先生講詞：〈在中國文化危疑的時代裡〉外，同時發表蔡仁厚之〈當代哲儒牟宗三先生的學術貢獻〉與〈牟宗三先生著作出版年次表〉（兩文皆同時轉載於美國世界日報副刊）。十六日，聯副版刊出曾昭旭之〈中國哲學宇宙的巨人：悼念牟宗三先生〉。三十日，刊出王邦雄之〈一代大師的一生志業〉。五月二日，刊出劉述先之〈悼念牟宗三教授〉、西西之〈上課記〉（連載十三日）。三日，綜合版以「碩學垂範：牟宗三之公祭與葬禮」為題，圖文報導。六月三日，聯副版刊出陳冠學之〈憶恩師〉。

㈢中國時報：四月十三日，第四版報導「哲學大師牟宗三病逝」。同時刊出王邦雄之〈當代新儒學大師牟宗三的歷史定位〉，以及記者林照真之特稿報導〈牟宗三：中國文化的捍衛者〉。同時中部版刊出記者王亞玲、林照真之特稿報導，以及近山之專文介述。二十日，人間版刊出余英時之〈追憶牟宗三先生〉。二十一日，刊出林鎮國之〈牟宗三先生及其哲學世代〉。五月二日，刊出黃振華之〈一位開拓中國文化新路的哲學家：悼念牟宗三先生〉。

(四)民生報：四月十三日，文化新聞版以「新儒學宗師：牟宗三病逝」為題，報導牟先生過世消息。三十日，以「牟宗三先生承先啟後興儒學」標題，出刊紀念專輯，撰文者：陳癸淼、李瑞全、胡以嫻。五月三日，以「牟宗三之喪，備極哀榮」為題，報導公祭安葬之過程。

(五)自立早報：四月三十日，報導牟先生公祭消息。五月二日，副刊大地出刊紀念專輯，撰文者：曾昭旭、劉國強。

(六)大成報：四月三十日，副刊全版以「古今無兩：牟宗三」標題，出刊紀念專輯，除報導牟先生事略及公祭消息外，並刊出周群振、翟本瑞、陳德和等之紀念文字。

(七)自由時報：四月十三日，以「哲學大師牟宗三病逝」為題報導。五月二日，副刊全版出刊「牟宗三先生紀念專輯」，撰文者：朱建民、李明輝、尤惠貞、莊耀郎。

(八)中時晚報：四月十六日，以「牟宗三為儒學開出新氣象」為題，圖文報導。

(九)聯合晚報：五月二日，第四版刊出「一代哲人：牟宗三之喪，國旗覆棺」，圖文報導。

・李祖原建築師事務所，主動設計墓園，增資出力，誠心可感。其設計兼融儒家之人文義、佛家之空如義、道家之自然義，格局超逸，樸質大方，同門友皆贊同之。

・四月二十五日，東海大學為先生設置靈堂，舉行追悼會，由文學院長洪銘水（東海早期校友，嘗受教於先生）主持。阮大年校長親臨行禮致悼詞，蔡仁厚抱病（痛風）出席、報告先生之生平及其學術貢獻，洪銘水報告先生任教東海時期之言行憶述，謝仲明報告先生講學之風格。另有總務長徐武軍（徐復觀先生之長公子）、東海早期校友理學院長劉國鈞、哲研所博士生楊秀宮等亦發言表示懷思與悼念。出席者尚有陳問梅夫婦、鄺芷人所長、鍾慧玲主任、鄺錦倫教授與東海師生近二百人。

·四月二十八日，國史館傳記組纂修胡健國先生，以電話向蔡仁厚徵詢，請應允擔任牟宗三先生國史擬傳之撰稿者，仁厚自當勉力，乃允於六月底交稿。

·四月二十九日，李祖原（從游先生之門）假萬里靈泉寺，為先生舉辦法會，真情可感也。

·四月三十日，傳訊電視、中天頻道，播出「全球華人專題報導」，以訪問之方式介述牟先生之學行事跡，受訪者為劉述先、李明輝、李瑞全。

·四月，鵝湖月刊二三八期，發表門弟子之哀輓聯（周群振撰，王財貴書）、王邦雄之〈鵝湖論壇〉、蔡仁厚之〈牟老師最晚年的學思與著作〉、〈牟宗三先生著作出版年表〉、楊祖漢之〈牟宗三先生學思簡介〉。

·五月一日，山東老家孝男伯璇伯璉來台奔喪，經由陳癸淼等之多方協調，終能於下午三時抵達台北（鴻貞、鴻卿接機）。晚七時，治喪處再度開會，就有關事宜作最後之檢查，並對明日公祭與安葬之進程，作最後之商定。（公祭現場與送葬諸事，推舉袁保新擔任總提調。）海外門人來台參加弔祭者，香港方穎嫻、鄧立光、李瑞全夫婦、吳汝鈞、盧雪崑、梁惠健等，美國李淳玲、何淑靜、韓國梁承武、金炳采、李明漢等。

·五月二日，假台北市立第一殯儀館景行廳舉行公祭。總統、副總統、五院（行政、立法、司法、考試、監察）院長、總統府秘書長、國史館長、中央研究院院長、教育部長、文建會主委、各大學校長（台大、師大、東海、中央、文化、港大、中大、新亞研究所等），以及治喪委員會主任委員、副主任委員、各界賢達等，皆致送輓額。總統頒發褒揚令，副總統親臨致祭，歷任教育部長蔣彥士、閻振興、郭為藩，及國史館館長潘振球，擔任覆旗大員，為先生覆蓋中華民國青天白日國旗。總統褒揚令文曰：

「哲學家牟宗三教授，性行端潔，才思精敏。少負時名，壯遊上庠。博學審問，獲中華文化之薪傳；慎思明辨，嫻西方哲學之義理。融會貫通，創新儒學，成一家言；含生抱樸，顯大智慧，立百世法。攝儒釋道三教精華，甄陶多士；粹誠中行五經奧秘，汰化浮明。著作等身，經綸布乎神州；中和位育，聲聞馳諸海表。歷任各大學教授，授業解惑，弘道傳經，一代宗師，群倫共仰。茲聞溘逝，悼惜殊深。應予明令褒揚，以示政府崇念耆賢之至意。」

靈堂遺像兩側，懸掛治喪委員會、護喪妻、孝男之輓聯、輓詞：

治喪委員會：

光尼山之道統　弘黃岡之慧命

擴前哲之器識　發儒聖之光輝

護喪妻趙惠元：

數十年相隨，悠悠歲月，而今已矣；

萬千日共處，切切情懷，其誰知之。

孝男伯璇伯璉元一：

欲報之德　昊天罔極

·八時家祭後，仁厚受治喪委員會與同門友之叮囑，在公祭會廳報告先生之生平與學術貢獻。八時四十分，行覆旗之禮。九時，公祭開始。依次為治喪委員會、教育部長、文建會主委、交通部長、師大校長、師大國文系師生以及台大、政大、文化、輔仁、東海、中央各大學哲學系所之師生，香港大學中文系、香港中文大學哲學系、新亞研究所之師生代表，台大哲研所畢業校友、韓籍門弟子、韓國留華研究生，以及人文友會、鵝湖月刊社、東方人文學術研究基金會、中國哲學研究中心、中研院文哲研究所、美國中國哲學與文化研究基金會，以及各界人士、青年學子等，皆來靈堂弔祭行禮。

·十時半，瞻仰先生遺容。隨即由先後期門弟子代表十二人，護送靈柩上靈車，由交通警車開道，發引安葬於新店竹林路長樂景觀墓園。上山送葬者，家屬門人與青年學子約百餘人。十一時半，靈柩入土，葬禮終成。

·五月三日，中華電視台、新聞雜誌，以「一代哲人：牟宗三」為題，播出十五分鐘之紀念節目（由周博裕接洽規劃），受訪者為戴璉璋、蔡仁厚、劉述先、王邦雄。

·五月四日，陳癸淼等會同律師李美倫依法為大陸家屬處分遺產完畢。次日，楊祖漢代表在台門人，護送伯璇伯璉兄弟經香港返回山東老家。

·七日，香港新亞研究所、中文大學新亞書院、中大哲學系為先生舉辦之追悼會。先由劉述先代表獻花默哀，方穎嫻報告先生之學行事略。再由主禮人劉述先、台灣代表楊祖漢、中大哲學系代表陳特、新亞研究所代表吳明，分別致悼念辭，家屬代表牟鴻卿答禮致詞。會場氣氛，莊穆哀戚，香港門人與各界人士，一同參與，致哀盡禮。

·五月，鵝湖月刊二三九期，出刊「牟宗三先生紀念專號」，除周博裕之「追思會存影」與蔡仁厚執筆之「論壇」、「學行事略」、「祭文」之外，撰文者，有：黃振華、劉述先、陳癸淼、唐亦男、王邦雄、曾昭旭、李瑞全、劉國強、林安梧、黃漢光、何淑靜、李淳玲、金貞姬、范良光、陳德和等。同月，中國文化月刊一八七期，發表蔡仁厚之〈牟教授的生平及其學術貢獻〉。

·六月，鵝湖月刊二四〇期，繼續出刊「牟宗三先生紀念專號」，撰文者：王邦雄、蔡仁厚、楊祖漢、周群振、霍韜晦、王財貴、盧雪崑、方穎嫻、潘朝陽、吳明、孫守立、許義灶、郭齊勇、李耀仙、劉雨濤、樊克偉、曾昭旭、林安梧、陳德和等。鵝湖學誌十四期，發表關鎮強之紀念文字〈牟宗三先生論圓教之根據：無限智心〉。

·同月，中研院文哲所「中國文哲研究通訊」第十八期學界消息欄出刊「牟宗三先生紀念專輯」，撰文者，戴璉璋、劉述先、蔡仁厚、林安梧、陳榮灼、李明輝等。文哲信箱並刊登大陸學者牟鍾鑒之悼念函。

（附識：香港與海外報刊之紀念文字，將編入哀思錄或紀念集。茲從略。）

附錄㈢：全集編目初擬

先生病中垂語，自謂「一生著作，古今無兩」。此話說得本分自然，可謂如理如實。敬維先生之著述，皆針對學術性或時代性之問題，而提出解決之道。故其所著各書，宜依類編輯，以顯示其器識之宏通與學思之深透。頃者，同門友正籌商「牟宗三全集」之編印事宜。竊以為宜分編為十大類組，每一類組包括二至四種著作。茲擬具其十大輯之標名與書目，次列如下：

第一輯　易理、哲思、文心

含全集前序、編印說明、總目錄，以及《周易的自然哲學與道德函義》、《大陸時期論文集》。前者乃先生在大學時期完成之第一部著作，後者則為四十歲以前在大陸報刊發表之文哲論文。

第二輯　邏輯、知性、名理

含《邏輯典範》、《理則學》、《認識心之批判》、《維氏名理論》（譯）。前三種皆先生早年治西方哲學之成果。既扭轉羅素之歧出，亦提升康德之不足。

第三輯　新儒家之新外王

含《歷史哲學》、《道德的理想主義》、《政道與治道》三書。此乃先生在大陸易色、國遭鉅變之時，從根反省中華民族之文化生命，進而解答中國文化中政道（民主）、事功、科學之問題，為儒家開出外王事功之新途徑。

第四輯　玄學、佛學、理學

含《才性與玄理》、《佛性與般若》、《心體與性體》、《從陸象山到劉蕺山》。依孔孟之教，外王本於內聖，故先生對「儒、釋、道」三教之義理系統，皆分別以專書作深入之疏導與通貫之表述。

第五輯　譯註康德三大批判

含《康德純粹理性之批判》、《康德的道德哲學》、《康德判斷力之批判》。蓋中土三教之智慧傳統既已徹法源底，則吸收消化西方哲學，乃成為華族文化生命充實開擴之大事。先生以一人之力，將康德三大批判全部漢譯出版，其學術功績，實與晉唐高僧之譯佛經，先後輝映。

第六輯　消化康德，學思圓成

含《智的直覺與中國哲學》、《現象與物自身》、《圓善論》。先生翻譯康德三批判書之後，又進而以上列各書消化康德、融攝康德；而《圓善論》尤為人類智慧之終極判教，代表學思之圓成。

第七輯　中國哲學之疏導

含《中國哲學之特質》、《中國文化之省察》、《中國哲學十九講》、《名家與荀子》。先生全面疏導中國哲學所涵蘊之問題，使中國哲學思想可以通過哲學問題之普遍性與客觀性，而真正進入世界哲學之林。

第八輯　中西哲學之會通

含《中西哲學之會通十四講》、《四因說演講錄》。先生兼通時代性與學術性，深層疏通人類智慧之核心，去隔閡，立間架，其學術之精誠與勞績，實已為中西哲學開顯交會融通之坦途。

第九輯　時代與感受

含《生命的學問》、《人文講習錄》、《時代與感受》、《時代與感受續編》。此乃先生對應時代與文化之問題，本於深切之感受，在台港四十餘年所發表之論文與講錄。

第十輯　自述、年譜、紀念

含《五十自述》、《學思年譜》、《紀念集》。

此外，「書信編年」與歷年來之「講學錄音」，如亦加以整理，自當謹嚴審訂，陸續印行。

八四、五、十二

國立中央圖書館出版品預行編目資料

牟宗三先生學思年譜/蔡仁厚撰．--初版--臺北市：台灣學生，民85
面；　公分

ISBN 957-15-0726-1 (精裝)
ISBN 957-15-0727-X(平裝)

1.牟宗三 － 年表

782．986　　85000961

牟宗三先生學思年譜（全一冊）

撰　者：蔡仁厚
出版者：臺灣學生書局
發行人：丁文治
發行所：臺灣學生書局
臺北市和平東路一段一九八號
郵政劃撥帳號○○○二四六六八號
電話：三六三四一五六
傳真：三六三六三三四
本書局登記證字號：行政院新聞局局版臺業字第一一○○號
印刷所：常新印刷有限公司
地址：板橋市翠華街八巷一三號
電話：九五二四二一九

定價　精裝新臺幣二七○元
　　　平裝新臺幣二一○元

中華民國八十五年二月初版

78290

ISBN 957-15-0726-1（精裝）
ISBN 957-15-0727-X（平裝）